AF546001

Ursula Kopp

KRÄUTERGÄRTEN anlegen & pflegen

Biologisch gärtnern und erntefrisch genießen

Bassermann

INHALT

VORWORT

Gewürz- und Heilkräuter begleiten uns seit alters her und erleben heute im Hausgarten eine Renaissance. Das würzige, frische Grün vom Beet fristete zeitweilig im Garten ein eher kümmerliches Dasein. Die Lebensmittelindustrie hatte sich der Aromalieferanten angenommen und die in Tütchen und Gläsern abgepackten, zermahlenen Produkte ließen den eigenen Anbau überflüssig erscheinen. Heute weiß man, dass die Inhaltsstoffe und Aromen frischer Blätter und Triebe jeder Handelsware überlegen sind. Es kommt aber auch noch ein entscheidender Grund hinzu, sich die teilweise noch der Wildflora zugehörigen Pflanzen in den Garten zu holen. Dort wo aromatische Kräuter wachsen, wird den arg bedrängten Insekten wie Bienen und Schmetterlingen Nahrung und Lebensraum angeboten. Dabei kann man auch den Duft wahrnehmen, den viele der Gewächse verströmen. Einige von ihnen können mit ihren hübschen Blüten sogar neben Zierpflanzen (Stauden und Sommerblumen) punkten, sodass man sie nicht nur ins Gemüsebeet setzt, sondern auch in die Gestaltung des gesamten Gartens einbeziehen kann. Die vielfältigen Möglichkeiten hierzu werden im vorliegenden Buch mit Beispielen beschrieben und dargestellt, Pflanzung und Aussaat sowie Pflegemaßnahmen und Vermehrung ausführlich erläutert. Die Vorstellung aller wichtigen Kräuter mit Angaben zur Verwendung runden die Informationen ab.

GESCHICHTE DES KRÄUTERGARTENS

Die Kenntnisse über Anbau und Verwendung von Kräutern ist Jahrtausende alt. Zu Beginn unserer Zeitrechnung gab es bereits zahlreiche Werke, die Kräuter und teilweise sogar ihren Anbau beschrieben. Die Römer übernahmen die Kenntnisse von den Griechen und brachten das Wissen auf ihren Eroberungszügen in den Norden. Ende der Römerzeit wurde das Wissen der Antike in den Klöstern gesammelt.

Der griechische Arzt Dioskurides verfasste eines der wichtigsten Kräuterbücher.

Die Heilkraft von Kräutern lässt sich bis an den Anfang der Menschheitsgeschichte zurückverfolgen. Schon frühe Zivilisationen experimentierten mit Pflanzen. Sie fanden heraus, mit welchen Kräutern sie Leiden behandeln konnten und gaben dieses Wissen von Generation zu Generation mündlich und durch Unterweisung weiter. Sagen und Legenden erzählen von wundersamen Wirkkräften, die sich im Laufe der Zeit mit Riten und Brauchtum verbanden.

Kräuter in der Antike

Kräuter hatten bereits in der Frühzeit ihren besonderen Platz und Stellenwert. Sie gehörten zu den Nahrungsmitteln aus der Umgebung der »Jäger und Sammler« und wurden wahrscheinlich schon damals auch als Würze und Heilmittel genutzt.

In den alten Hochkulturen in China, Indien, Persien und Ägypten gab es bereits Aufzeichnungen über die Nutzungsmöglichkeiten der einzelnen Pflanzen. Die ersten Höhepunkte erreichte die Kräuterheilkunde jedoch in der Antike. Der griechische Arzt Pedanios Dioskurides beschrieb im 1. Jahrhundert n. Chr. zahlreiche Heilpflanzen und deren Anwendungen in seinem Werk »De materia medica«. Es umfasst ca. 1000 Arzneimittel und 4740 medizinische Anwendungen. Dieses umfangreiche Werk mit seinen genauen Beschreibungen galt bis ins Mittelalter hinein als eines der wichtigsten Kräuterbücher. Auch die Römer haben sich ihren Platz in der Geschichte der Kräuterkunde gesichert. Plinius der Ältere wurde vor allem durch sein naturwissenschaftliches Werk »Naturalis historia« bekannt, das als einziges seiner Werke erhalten geblieben ist. Aus den Überlieferungen des römischen Feinschmeckers Lukullus wissen wir heute aus jener Zeit viel über die Nutzung der Kräuter als Würzmittel.

Die Zusammenhänge zwischen Nahrung und Heilmitteln fanden auch in der arabischen Heilkunst ihren Niederschlag. Der »Qanun-al-Tibb« (Kanon der Medizin), verfasst von dem berühmten persischen Arzt Avicenna (980-1073), vereint griechische, römische und persische Traditionen. Es ist unterteilt in fünf Bücher, von denen eines sich mit der Herstellung von Heilmitteln befasst.

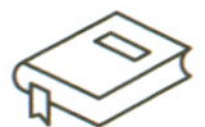

Kräuter im Mittelalter

Kraft und Wirkung von Kräutern wurden lange bevor sich das Christentum verbreitete hoch geschätzt und geachtet. In fast allen Kulturen und Ländern fand man die Bestätigung, welche Weisheit und Kraft den Kräutern innewohnen und wie reich der sei, der dieses Wissen sein Eigen nennen durfte. Vielen Kräutern wurden magische Eigenschaften zugeschrieben. So kannten die Angelsachsen neun heilige Kräuter zum Schutz vor allen möglichen bösen Einflüssen. In vorchristlichen Zeiten waren Kräuter vor allem heilende Pflanzen, mit denen weise Frauen die innere und äußere Natur in Einklang brachten. Mit dem Christentum wurden jedoch Einfluss und Wirken der Kräuterkundigen einerseits als bedrohlich empfunden, andererseits dann als Gottesgeschenk betrachtet, wenn das Wissen aus den Klöstern kam. Nun verstanden es manche Frauen, durch Intuition, Lauschen in die Natur, genaues Beobachten und Ausprobieren, Lernen und Erfahrung, den Zauber der Pflanzen tiefgreifender zu ergründen. Ihre Fähigkeiten schöpften sie aus den Kräften der Natur, vor allem die Pflanzenwelt gab ihnen das Rüstzeug zur Ausübung ihrer Zunft. Damit verfügten sie über eine Macht, die sie in die Nähe des Übernatürlichen rückte und somit verdächtig erscheinen ließ. Und so hatten die Kräuterfrauen von jeher einen schlechten Ruf, weil man sich ihre Fähigkeiten nicht erklären konnte und diese kurzerhand für teuflisch befand.

Kräuterfrauen schöpften ihre Fähigkeiten aus den Kräften der Natur.

Im Laufe der Zeit entwickelte sich das Kräuterwissen friedlich in Richtung der Apotheken, die im Spätmittelalter eigene Kräutergärten unterhielten und auch Wildkräuter aus dem Orient in die Herstellung ihrer Arzneien einbezogen.

Apothekergarten von Kloster Lorch

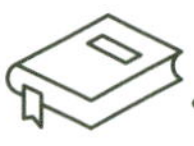

Klostergärten

Der Kräuter-Klostergarten auf der Insel Reichenau

Von den Klöstern ging im Mittelalter eine herausragende Kultur schaffende Kraft aus. In ihren Skriptorien und Bibliotheken wurde das Wissen vergangener Jahrhunderte gepflegt und aufbewahrt. Dazu zählte auch eine umfassende Kenntnis über die Land- und Waldwirtschaft, denn die meisten Klöster waren Selbstversorger und ernährten sich durch das, was das Umland hergab. Die Zisterzienser lebten weitab von anderen Siedlungen, rodeten die damals noch reichlich vorhandenen Wälder und machten das Land urbar. Was nicht in ausreichender Menge in der Natur zu finden war, baute man an. So entstanden die Klostergärten, in denen Gewürz- und Heilkräuter kultiviert wurden. Aus ihnen deckte man vor allem auch den Bedarf an Arzneien, denn die Klöster waren im Mittelalter Zentren der Krankenpflege.

In der Folgezeit entwickelte sich zwischen den Klöstern, auch über die Alpen hinweg, ein reger Austausch. Mönche tauschten Pflanzen, Samen und Heilmittel aus und gaben ihr botanisches Wissen weiter. So wurden zum Beispiel Fenchel und Liebstöckel, ursprünglich im Mittelmeerraum beheimatet, im 9. Jahrhundert von Mönchen über die Alpen gebracht. Von den Klostergärten fanden sie ihren Weg in die Gärten der Bauern. Auch der Dill wurde in Mitteleuropa erstmals im Frühmittelalter in Klostergärten kultiviert. Im Klostergarten von St. Gallen, dem ältesten Arzneipflanzengarten der Benediktiner, war (neben 15 weiteren Kräutern) für ihn sogar ein eigener Platz bestimmt, wie heute noch aus Aufzeichnungen ersichtlich ist. Der Klosterplan von St. Gallen (820 n. Chr.) hatte damals eine wichtige Modellfunktion. In ihm sind ein Gemüsegarten, ein Obstgarten, ein Heilkräutergarten sowie ein Friedhof vorgesehen. Andere Klöster versuchten, seinen Vorgaben zu folgen. Die Grundausstattung für den Kräutergarten basierte auf der Landgüterverordnung von Karl dem Großen, aus dem Jahr 795 n. Chr.

Kräuteranbau heute

Nach dem Zweiten Weltkrieg führten Kräuter im Garten eher ein Schattendasein. Zum Würzen wurden Petersilie, Dill und Schnittlauch am Beetrand gepflanzt, Vorrang aber hatte Gemüse zum Sattwerden. Die Heilwirkung von Kräutern war damals wenig gefragt. Erst als der Raubbau an der Natur und die Schädigung der Umwelt durch Luft-, Boden und Grundwasserverschmutzung sowie das Aussterben von Tier- und Pflanzenarten immer drastischer erkennbar wurden, setzte auch im Hausgarten ein Umdenken ein. Der anfangs viel belächelte biologische bzw. naturgemäße Gartenbau erhielt eine neue Bedeutung und man erinnerte sich wieder an die Arbeits- und Lebensweise der »guten alten Zeit«. Auch Würz- und Heilkräuter kamen wieder zu neuen Ehren, Brennnessel- und Schachtelhalmbrühen verdrängten mehr und mehr chemische Pflanzenschutzmittel. Und so haben im Hausgarten Würz- und Heilkräuter wieder Fuß gefasst. Da man sie überall pflanzen kann, lassen sie sich auch in die Gartengestaltung einbeziehen und als Form bildende Elemente einsetzen. Sie demonstrieren die Verbindung des Angenehmen mit dem Nützlichen und fördern durch ihre wertvollen Inhaltsstoffe das Wohlbefinden und die Gesundheit.

Auch in einem Kleingarten findet sich ausreichend Platz für Kräuter.

EIN PLATZ
FÜR KRÄUTER

Gewürz- und Heilkräuter begleiten den Menschen seit jeher und finden sich heute in fast jedem Garten, selbst dort, wo ansonsten auf Nutzpflanzen verzichtet wird. Theoretisch lassen sie sich überall in den Garten setzen, wo gerade ein Fleckchen Boden frei ist. Allerdings sollte man vor allem Küchenkräuter so pflanzen, dass sie für den täglichen Gebrauch schnell geerntet werden können. Wer einmal frische Blätter und Triebe aus dem eigenen Garten geerntet hat, weiß, dass sie jeder Handelsware überlegen sind.

PLATZ FINDET SICH ÜBERALL

Je nach Größe und Zuschnitt des Gartens lässt sich immer ein passendes Fleckchen für Kräuter finden. Bei einem kleinen Garten genügt schon ein Kräuterbeet. Auf diese Weise kann man immer Speisen mit frischen, aromatischen Kräutern würzen und hat auch eine kleine Gartenapotheke zur Hand.

Kräuter im Nutzgarten

Traditionell haben Küchenkräuter ihren Platz im Gemüsegarten. Bei kleinen Nutzgartenflächen muss kein eigenes Kräuterabteil angelegt werden, einjährige Kräuter können auch gut an die Gemüsebeetränder gepflanzt werden. Da sie jedes Jahr neu ausgesät und gepflanzt werden, sind sie auch die ideale Begleitung für Mischkulturen im Gemüsegarten. Hier können sie sogar Schädlinge von den Gemüsepflanzen fernhalten. So sollen zum Beispiel Dill Schnecken vertreiben und Borretsch den Kohlweißling vertreiben sowie Basilikum Tomaten und Gurken vor Schadinsekten schützen. Für ausdauernde, hohe Kräuter findet sich eher ein Platz in Kompostnähe, der allerdings nicht im Schatten liegen sollte. Da sie meist sehr anspruchslos sind, kann man sie auch an eine Stelle setzen, die zu schmal für Nutzpflanzen ist, zum Beispiel entlang eines Zauns oder vor eine Hecke. Manche Kräuter haben auch sehr schöne Blüten und können für dekorative Farbtupfer im Gemüsebeet sorgen.

Kräuter im Gemüsegarten

Kräuter im Ziergarten

Kräuter mit hübschen Blüten lassen sich gut in den Ziergarten integrieren.

Kräuter mit zierenden Blüten und Blättern lassen sich in größeren Tuffs oder Horsten mit höher wachsenden Stauden kombinieren und so in die Gesamtgestaltung integrieren. Borretsch zum Beispiel besticht durch seine leuchtend blauen Blüten, auffallend helle, silbergraue oder bläuliche Blätter tragen Wermut, Eberraute und Weinraute. Zuchtsorten von Thymian, Oregano, Salbei und Minzen schmücken sich mit goldgelbem, rötlichem oder gemustertem Laub. Blühender Schnittlauch mit seinen rötlich-lilafarbenen Blütenköpfchen steht mit silbergrauen Strohblumen in schönem Kontrast. Lavendel und Salbei passen sehr gut zu Rosen. Man kann sie rund um einen einzelnen Hochstamm oder vor die Rosenrabatte setzen. Pflanzungen mit einjährigen Sommerblumen lassen sich zum Beispiel mit Melisse, Ringelblume und Ysop ergänzen. Man kann die Kräuter wie ein Bukett vor höhere Sträucher pflanzen oder auch als kleine Kräuterinsel im Rasen, umrandet mit Sommerblumen anlegen. Auch mit den unterschiedlichen Blattfarben und -strukturen der Kräuter lassen sich hübsche Kombinationen zusammenstellen. Selbst Petersilie und Blattsellerie können in solchen Arrangements gestaltend wirken. Duftende Kräuter ziehen Nutzinsekten an und sind deshalb im Ziergarten auch von ökologischer Bedeutung.

Kräuter im Steingarten

Viele sonnenhungrige Kräuter, die mit wenig Wasser auskommen wie Bergbohnenkraut, Frauenmantel, Tripmadam, Salbei, Weinraute und Ysop finden im Steingarten und auf Trockenmauern ideale Bedingungen vor. Dort entfalten sie ein besonders kräftiges Aroma. Wenn es Lage und Form des Steingartens zulassen, kann man andere, weniger trockenresistente Kräuter an die Seiten setzen und mit Sommerblumen einen Übergang zu den anderen Pflanzungen im Garten schaffen.

Duftkräuter am Sitzplatz wirken entspannend.

Kräuter- und Blumenrabatte

Duftkräuter am Sitzplatz

Ein Duftgarten ist für viele Gartenbesitzer ein verzaubertes Fleckchen Erde, an dem sich wunderbar entspannen lässt. Deshalb können in der Nähe des Sitzplatzes auf der Terrasse oder im Garten Kräuter Platz finden, die vor allem durch ihren Duft zum Verweilen einladen. Zudem zieht der Duftreigen Bienen und Schmetterlinge an. Hohe Gewächse wie Königskerze, Stockmalve oder Engelwurz sollten den Hintergrund bilden. Lavendel, Thymian, Minze, Salbei, Zitronenmelisse und Oregano setzt man möglichst nahe an den Sitzplatz, um den Duft der ätherischen Öle voll genießen zu können. Dabei wird so gepflanzt, dass dazwischen für die jährlich neu zu pflanzenden einjährigen Kräuter genügend Platz bleibt.

Eine Kräuter- und Blumenrabatte

Sehr hübsch ist auch ein Beet, dass man am Rande des Gartens, entlang eines Zauns oder Weges anlegt, in dem sich Kräuter und Blumen ein buntes Stelldichein geben. Bei der Zusammenstellung lässt man sich von den Blüten- und Laubfarben, aber auch von Blattstrukturen leiten. Eher unscheinbare Blüten kommen in Nachbarschaft mit auffallend gefärbtem Blattwerk besser zur Geltung. Damit die Kräuterrabatte nicht nur im Sommer blüht, kann man sie mit Frühlingszwiebelblumen, Primeln und Vergissmeinnicht und für den Herbst und Winter mit Buchs einfassen. Mit einigen Kräutern lassen sich auch Beete und Rabatten mit Sommerblumen und Stauden einfassen. Sehr ansprechend wirkt eine Umrandung aus Majoran, Zitronenthymian mit Ringelblumen oder Fleißigen Lieschen als Farbtupfer dazwischen.

Die Kräuterhecke

Für die Anlage niedriger bis halbhoher Hecken bieten sich einige verholzende Würz- und Duftkräuter an. Sie müssen allerdings regelmäßig ausgelichtet und zurückgeschnitten werden und sind in der Regel auch nicht sehr langlebig. Sobald sie beginnen zu verkahlen, muss man sie neu anlegen. Als Sichtschutz sind Kräuterhecken kaum geeignet, wohl aber als Beeteinfassung, Wegbegleitung und Gliederungselement im Garten. Mit Lavendel zum Beispiel lässt sich eine bis zu 1 m hohe, immergrüne Hecke anlegen, die, zwei- und dreireihig gepflanzt, besonders dicht wird. Zurückgeschnitten wird sie am besten nach der Blüte im Sommer. Bis zu 50 cm hoch wachsen Ysop und Weinraute. Rosmarin kann stattliche Höhen erreichen und ansehnliche Hecken bilden, eine Auspflanzung ist dennoch nicht zu empfehlen, da die mediterrane Pflanze lange und harte Winter kaum übersteht.

Der Kräuterweg

Gepflasterte Pfade, die durch den Garten führen, aber auch flache, mit Natursteinen belegte Treppen gewinnen an Reiz, wenn man am Rand oder in den Fugen duftende Kräuter wachsen lässt. Auf dem begehbaren Teil müssen sie niedrig und trittfest sein wie zum Beispiel der Feldthymian *(Thymus serpyllum)* mit roten, rosa oder weißen Blüten oder der niedrige Gelbe Frauenmantel *(Alchemilla xantochlora)*. Kräuter als Abkömmlinge der Wildpflanzenflora passen am besten zu einer natürlichen Umgebung, zu Gartenwegen, die mit Natursteinen, Kies oder Rindenmulch belegt wurden.

Die Ränder von gepflasterten Gartenwegen können mit Duftkräutern gesäumt werden.

KRÄUTERGARTEN ANLEGEN UND GESTALTEN

Mit ihren unterschiedlichen Wuchsformen, Blattfarben und -strukturen sowie aromatisch duftenden Blättern und Blüten sind Kräuter nicht nur eine Augenweide. Sie verbinden darüber hinaus das Schöne mit dem Nutzen. Was liegt daher näher, als sie auch im Garten in vielfältiger Weise auf eigens für sie angelegten Pflanzflächen einzusetzen.

KRÄUTERAUSWAHL

Sie wird in erster Linie durch den persönlichen Geschmack bestimmt. Bei einer gelungenen Bepflanzung sollte immer ein ausgewogenes Verhältnis zwischen Form und Farbe herrschen. Vor allem Farbe ist eines der Gestaltungsmittel, das die Atmosphäre des Kräutergartens maßgeblich beeinflusst und somit oft ausschlaggebend bei der Wahl und Gruppierung der Pflanzen ist. Ob diese im Kräutergarten gut wachsen, hängt ganz entscheidend von seiner Lage ab und welche Bedürfnisse die Pflanzen haben. Die meisten Kräuter, die heute in unseren Gärten gedeihen, waren ursprünglich im Mittelmeerraum beheimatet, wo heute noch Thymian, Lavendel und Rosmarin wild an heißen, sonnigen Plätzen wachsen. Deshalb sollten sie auch im Kräutergarten einen sonnigen und warmen Platz mit eher trockenem Boden erhalten. Denn nur unter intensiver Sonnenbestrahlung entwickeln sie den höchsten Gehalt an wertvollen Inhaltsstoffen und ätherischen Ölen. Einige einheimische Kräuter wie zum Beispiel Pfefferminze, Petersilie, Borretsch und Schnittlauch benötigen reichlich Feuchtigkeit und fühlen sich im lichten Schatten wohl, da sie seit jeher ein kühleres und feuchteres Klima gewöhnt sind. Nicht alle Kräuter stehen gerne nebeneinander. So vertragen sich Pfefferminze und Kamille nicht gut. Auch Dill und Estragon sowie Majoran und Thymian stehen im Beet nicht gerne Seite an Seite. Als Faustregel gilt: Einjährige und mehrjährige Kräuter sollten nicht gemischt, sondern jeweils in Grüppchen gepflanzt werden. Man macht sich also am besten eine Liste seiner Lieblingskräuter und deren Anforderungen an Substrat, Standort und Sonnenausbeute. Dann gruppiert man alle Kräuter, die gut zusammenpassen (zum Beispiel Oregano, Thymian und Bohnenkraut oder Ysop und Lavendel) und wählt den richtigen Platz für das Kräuterbeet. Bei der Gestaltung kann man sich bei Pflanzenauswahl an dem in diesem Buch vorgestellten orientieren.

Für die Kräuterecke im Gemüsegarten muss ein möglichst sonniger Platz gefunden werden.

Der formale Kräutergarten

Dieser formale Kräutergarten vermittelt klassische Symmetrie.

Sein besonderer Reiz liegt in der friedvollen und harmonischen Atmosphäre, er vermittelt in klassischer Symmetrie das Gefühl von Intimität und wird zu einer Oase der Ruhe. Zuerst muss der Gesamteindruck des künftigen Kräutergartens festgelegt werden. Sollen natürliche Formen und sattes Grün überwiegen oder bevorzugt man eine eher »kunstvolle« Anordnung, bei der die festen Elemente (Wege, Mauern, Stufen) bewusst hervorgehoben werden. Sie ermöglichen einerseits einen bequemen Zugang zu den Kräutern und verhindern andererseits die Ausbreitung wuchernder Arten. Vielleicht sollen auch die Pflanzen selbst als formales Gestaltungsmittel (zum Beispiel in Form geschnittene Buchsbäumchen) eingesetzt werden. Nur wenn alle Elemente, sowohl einzeln als auch zusammen, optimal zur Wirkung kommen, lässt sich das Ergebnis als gelungen bezeichnen.

BEPFLANZUNGSVORSCHLAG

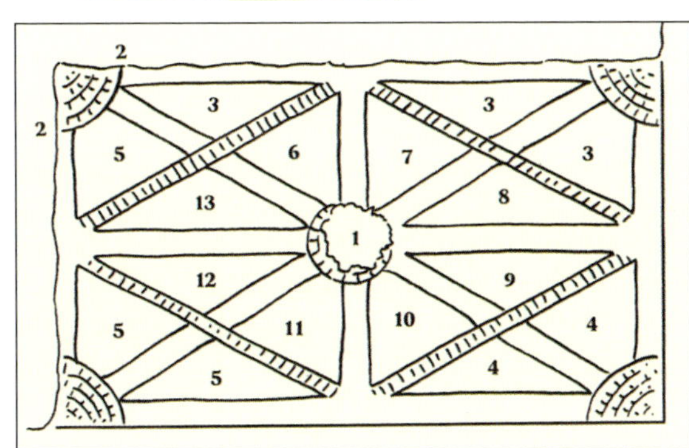

1. Strauch- oder Hochstammrose
2. kletternde Wildrose
3. Gänseblümchen
4. Ysop
5. Ringelblume
6. Petersilie
7. Schnittlauch
8. Lavendel
9. Senf
10. Pfefferminze
11. Estragon
12. Weinraute
13. Liebstöckel

Der ornamentale Kräutergarten

Im eigenen Garten lässt sich sicher kein ornamental gestalteter Kräutergarten nach dem Vorbild fürstlicher Gartenanlagen realisieren, aber man kann sich bei der Gestaltung hier durchaus Anregung holen. Auf kleineren Flächen lassen sich auch locker gestaltete Ornamente aus Dreiecken, Vierecken und Kreisen anlegen. Zur Linienführung verwendet man Klinker, Natursteinplatten oder Pflastersteine, kann aber auch niedrig wachsende Kräuter einsetzen. Diese müssen allerdings mit regelmäßigem Schnitt dicht und in Form gehalten werden. Die durch die Ornamentumrandung gebildeten Flächen werden mit Duft- und Küchenkräutern besetzt oder mit buntem Splitt aus dem Baustoffhandel, Kies oder Rindenmulch ausgelegt.

Für die Anlage eines ornamentalen Kräutergartens muss jedoch vorab exakt geplant werden. Muster und Bepflanzung skizziert man auf Papier, Gartenbücher und Pflanzenkataloge können bei der Auswahl und Zusammenstellung der Pflanzen hilfreich sein. Dabei ist auf Wuchshöhe, Blattfarben und -strukturen der einzelnen Arten zu achten. Zum Anlegen der Muster auf den geplanten Flächen (die gründlich von Unkraut befreit und geglättet sein müssen) verwendet man ein einfaches Hilfsmittel. Mit einer an einem Holzpflock befestigten Schnur werden Kreise und Halbkreise gezogen und mit feinem Sand markiert. Das fertige Raster wird dann entsprechend der Skizze mit Pflanzen und Materialien gefüllt.

BEPFLANZUNGSVORSCHLAG

1. **Heidekraut**
2. **Petersilie**
3. **Lavendel**
4. **Königskerze**
5. **Kamille**

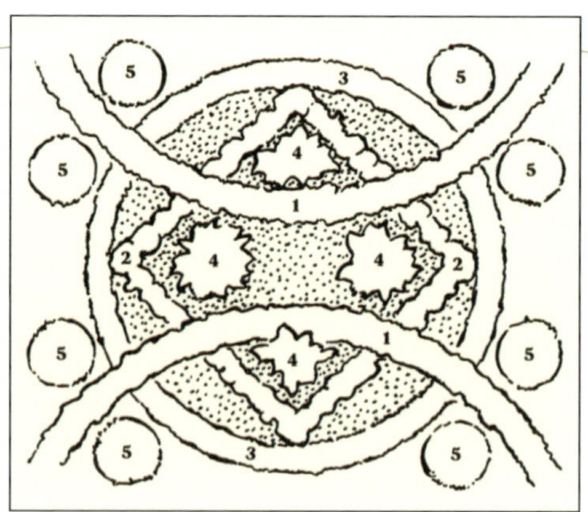

Die Kräuterrabatte

Je kleiner die Rabatte, desto niedriger muss die Buchseinfassung bleiben.

Diese Pflanzart ist den Würzkräutern vorbehalten, sie sollten in der Nähe des Hauses wachsen, damit man sie schnell zur Hand hat. Vor allem bei schlechtem Wetter ist der Weg durch den nassen Garten für ein Sträußchen Petersilie, ein wenig Schnittlauch oder ein paar Blättchen Majoran lästig. Eine Kräuterrabatte braucht nicht viel Platz und sieht dekorativ aus, ein weiterer Grund, sie in der Nähe der Terrasse anzulegen. Das Beet kann klein sein, damit man die Kräuter gut erreichen kann und für einen normalen Haushalt meist nur ein oder zwei Pflanzen für die Küche braucht. Die Pflanzen müssen so angeordnet werden, dass die mehrjährigen, hohen Arten nicht nach einigen Jahren die niedrigen zu stark beschatten.

Legt man einen breiteren Streifen an, wird großzügig mit weiten Abständen gepflanzt, damit dazwischen noch Trittplatten gelegt werden können. Als ansprechende Variante lässt sich eine Kräuterrabatte im Rautenmuster anlegen. Das Beet wird durch Schnitt flach gehaltenen Buchs, der die Fläche in einzelne Rauten einteilt, gegliedert. Die Einfassung sollte nicht höher als 20 cm sein, je kleiner das Beet, desto niedriger muss sie bleiben. An die Stirnseiten kann man Margeriten-Hochstämmchen, an die nach außen weisenden Rautenspitzen Buchskugeln setzen. Die Quadrate werden mit Kräutern gefüllt, hohe Arten in die Mitte gesetzt, umringt von niedrigen Kräutern.

BEPFLANZUNGSVORSCHLAG

1. **Hochstammrosen oder Margeriten-Hochstämmchen**
2. **Buchskugeln und -bordüren**
3. **Fenchel**
4. **Oregano**
5. **Majoran**
6. **Zitronenmelisse**
7. **Kamille**

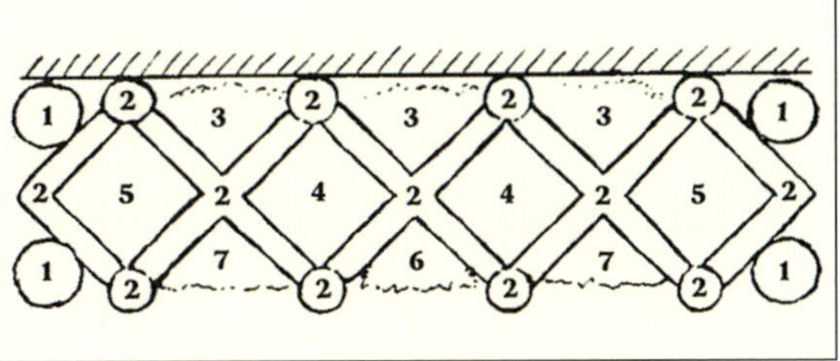

Die Kräuterspirale

Die Kräuterspirale erfreut sich schon seit vielen Jahren großer Beliebtheit. Ihre spezielle Bauweise unterscheidet sie vom klassischen Kräuterbeet. Denn hier kann man auf wenig Raum Küchen- und Heilkräuter mit verschiedensten Standortansprüchen zusammen pflanzen. So finden mediterrane Kräuter wie Rosmarin und Lavendel, die eine Vorliebe für trockene und nährstoffarme Böden haben, ihren Platz. Zugleich bietet sie einen Standort für Pflanzen, die es feucht und nährstoffreich lieben wie die heimische Pfefferminze.

Die Kräuterspirale ist ein dreidimensionales Beet. Die Oberfläche wird durch einen sich spiralig nach oben windenden Turm (Beet) vergrößert, die Seitenwände werden durch Steine befestigt, die die Sonnenwärme speichern und an die Pflanzen abgeben. Den Fuß bildet ein kleiner Teich, der zusätzlich Wärme speichert und reflektiert. Das Beet füllt man mit Gartenerde oder magerem Mischboden auf.

Der kleine Teich am Fuß der Kräuterspirale speichert zusätzlich Wärme.

Eine Kräuterspirale kann im Frühjahr oder im Herbst angelegt werden und soll frei zur Sonne stehen. Sie braucht eine kreisrunde Grundfläche mit etwa 3 m Durchmesser und 1 m Höhe. Die Mauern werden beginnend vom Teich von außen nach innen aufsteigend gebaut. Verwendet man runde Natursteine, müssen die Zwischenräume mit Erde ausgefüllt werden. Der Raum zwischen den Mauern sollte etwa 60 cm breit sein. Der Teich kann mit Teichfolie ausgelegt werden, dann lässt er sich frei gestalten. Bei der Bepflanzung sind der Fantasie keine Grenzen gesetzt. Auf einer großzügig angelegten Kräuterspirale finden Heil-, Gewürz- und Wildkräuter Platz. Bei der Pflanzenauswahl für eine kleinere Kräuterspirale empfiehlt es sich, auf kleinwüchsige Sorten auszuweichen.

BEPFLANZUNGSVORSCHLAG

1. **Sanddorn**
2. **Holunder**
3. **Liebstöckel**
4. **Ringelblume**
5. **Salbei**
6. **Petersilie**
7. **Pfefferminze**
8. **Rosmarin**
9. **Hauswurz**
11. **Walderdbeere**
12. **Schwertlilie**
13. **Arnika**
14. **Seerose**
14. **Zwergbinse**
16. **Thymian**

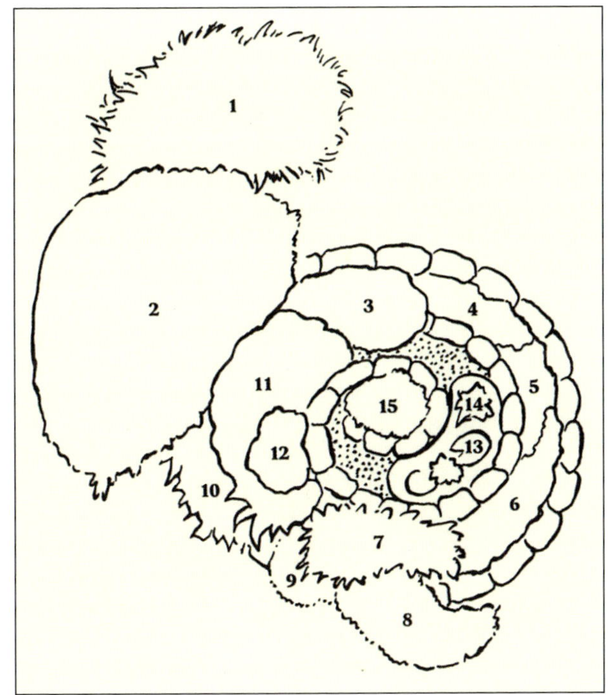

Das Kräuterrondell

Das Kräuterrondell kommt in seiner Form gegliederten Kloster- und Bauerngärten nahe. Bei der Anlage muss man vom Gewohnten abweichen. Man verzichtet zum Beispiel auf hochwachsende Kräuter und pflanzt nur solche, die in der Wuchsform zusammenpassen sowie niedrige Arten, die sich auch als Einfassung anbieten. Die einzelnen Segmente teilt man mit Ziegeln oder Klinkersteinen ab. Sie dienen zugleich als Trittpfade. Auch Natursteinplatten oder Rindenmulch, Kies oder Split eignen sich hierfür. Ist der Durchmesser des Rondells größer als 1,5 m empfiehlt es sich, einzelne Segmente mit

In diesem Kräuterrondell werden die einzelnen Segmente durch Natursteine getrennt

Kies oder Splitt aufzufüllen, die Ernte und Pflege der Kräuter ist dann leichter. Ein großes Kräuterrondell hat einen Mittelpunkt. Hier kann ein Wassertrog, ein dekoratives Rosen-Hochstämmchen oder auch nur ein großer Stein als Sitzgelegenheit Platz finden. Diese Rondellform eignet zum Beispiel für eine Wegkreuzung oder als Dreiviertelsegment an den Außenkanten einer Terrasse. Im Gegensatz zur Kräuterspirale, bei der es auf Natürlichkeit ankommt, muss beim Kräuterrondell eine gewisse Ordnung eingehalten werden, damit die geometrische Form der Anlage als gestalterisches Element im Garten auch sichtbar wird.

BEPFLANZUNGSVORSCHLAG

1. Fenchel
2. Engelwurz
3. Beifuß
4. Rosmarin
5. Johanniskraut
6. Petersilie
7. Schafgarbe
8. Winterkresse
9. Ringelblume
10. Schnittlauch
11. Borretsch
12. Lavendel
13. Dill
14. Waldmeister

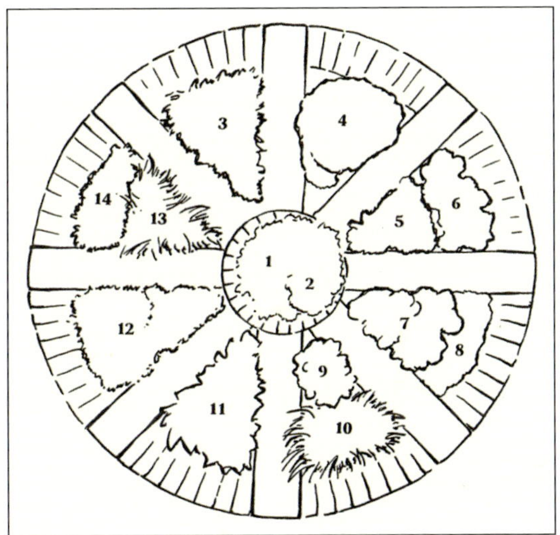

Der Kräuterhügel

Eine reizvolle Variante ist ein Kräuterhügel, der sogar mitten im Rasen platziert werden kann. Dieser Hügel muss sich allerdings nach den Ausmaßen der ihn umgebenden Flächen richten, damit er nicht die Harmonie des Gartens stört. Der Erdhügel wird ringsum mit großen Natursteinen eingefasst und kann, mit verschiedenen Kräutern in schönen Farben und interessanten Formen bestückt, zu einem optischen Highlight im Rasen werden.

Um den Beetumfang festzulegen, schlägt man in die Mitte der vorgesehenen Fläche einen Holzpflock, befestigt daran eine dem Radius des Beets entsprechende Schnur mit einem starken Nagel als Markierer und zieht einen Kreis. Entlang der Linie wird die Erde ein bis zwei Handbreit tief ausgehoben. Die Breite der Furche muss so bemessen sein, dass die unterste Steinlage gut hineinpasst. Damit die Steinblöcke fest liegen, bettet man sie auf eine Lage Sand. Je nach Stärke des verwendeten Materials reichen in der Regel zwei bis drei Reihen aufeinandergeschichteter Steine. Als Grundregel gilt: Je kleiner die umbaute Beetfläche, desto niedriger muss die Mauer sein. Während des Aufbaus gibt man eine Lage groben Kies als Drainage auf den Beetgrund. Dann folgt die Gartenerde, zuletzt das mit Kompost vermischte Pflanzsubstrat. Damit kein Wasser stehen bleibt, sollte der Hügel leicht zu den Seiten hin abfallen. Bei der Bepflanzung kann man sich auf die üblichen Küchenkräuter beschränken oder eine hübsche Kombination mit Steingartenpflanzen anlegen. Zwischen die Mauerfugen lassen sich Polsterstauden setzen, auf der Hügelkuppe sorgt ein Rosen-Hochstämmchen oder Lorbeerbäumchen für einen weiteren Blickpunkt.

BEPFLANZUNGSVORSCHLAG

1. **Lorbeerbaum**
2. **Petersilie**
3. **Oregano**
4. **Frauenmantel**
5. **Küchenschelle**
6. **Kamille**
7. **Löwenzahn**

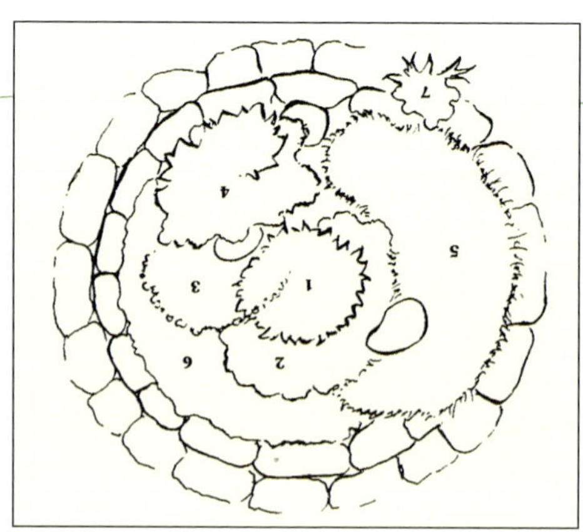

Das Kräuterhochbeet

Aus Brettern gebautes Kräuterhochbeet

Ein Kräuterhochbeet ist eine Bereicherung für jeden Garten. Es ist erheblich leichter zu pflegen als ein ebenerdiges Beet, da man sich nicht bücken muss und der Rücken entlastet wird. Darüber hinaus können Hochbeete ein Grundstück optisch gliedern.

Wer ein Hochbeet anlegen bzw. bauen möchte, sollte zuerst einen Plan machen und sich über Höhe, Länge und Breite Gedanken zu machen. Auch der richtige Standort ist wichtig. Selbstverständlich muss auch das passende Material gefunden werden. Für die Rahmenkonstruktion eignet sich alles, was ausreichend stabil ist, vor allem Holz. Es sollten jedoch feste Holzbohlen verwendet werden, die dem Druck der Erde gut standhalten können. Auch Steine und Metall lassen sich gut verwenden. Ist die Planung abgeschlossen, wird die Größe des Hochbeets an geeigneter Stelle abgesteckt. Anschließend hebt man die Erde ca. 25 cm tief aus. An den Ecken werden Holzpfähle eingegraben oder eingeschlagen. Handelt es sich um ein langes Hochbeet, sollte man auch in die Mitte Stützpfeiler setzen. An den Pfeilern kann nun das Baumaterial angebracht werden. Holzbohlen bzw. Metallplatten werden mit Schrauben an den Pfeilern befestigt. Für die Steinvariante ist dies natürlich nicht nötig. Hierfür muss man jedoch ein Fundament gießen, auf welchem dann die Steine gemauert werden. Bevor man beginnt, das Hochbeet zu füllen, sollte feiner Maschendraht auf dem Boden ausgelegt werden, der es vor Wühlmäusen schützt. Beim Befüllen ist darauf zu achten, dass die Schichten ca. 25–30 cm stark sind. Die unterste Lage besteht aus grobem Astschnitt, der nicht gehäckselt sein darf. Denn das würde den Verrottungsprozess beschleunigen und die dabei entstehende Wärme wäre rasch verbraucht. Zwischen und über diese Lage kommt Gartenerde. Darauf folgt eine 25 cm starke Schicht feuchtes Laub, das mit Erde abgedeckt wird. Zuletzt füllt man mit Kompost vermischte Gartenerde ein.

Wegekreuz und Kräuteruhr

Wegekreuz und Einfassungspflanzung stammen ursprünglich aus den Klostergärten und haben bis heute in der Gartengestaltung Tradition. Die Kreuzform mit einem meist kreisförmigen Mittelpunkt wirkt sehr geschlossen und harmonisch. Grundregel ist, dass vier Wege im Kreuz angeordnet werden, im Kreuzungspunkt sollte entweder ein rundes Beet mit einer Rosensäule oder auch ein Brunnen platziert werden. Ist die Anlage so groß, dass sich der Mittelpunkt als kleiner Platz gestalten lässt, können Bänke oder andere Sitzgelegenheiten aufgestellt werden. So wird der Kräutergarten zum kontemplativen Ort, an dem man Ruhe finden kann. Als Belag reicht Feinkies aus, was allerdings einen befestigten Unterbau mit wassergebundener Decke voraussetzt. Gute Alternativen sind Beläge aus großen Feldsteinen, Granit oder frostharten Tonplatten. Sie sind pflegeleichter, benötigen aber auch einen fachgerechten Unterbau, damit sie sich nicht unkontrolliert senken.

Bei der Kräuteruhr teilt man ein rundes Beet in 12 gleichgroße Segmente in Form von Kuchenstücken ein, die Trennungslinien dazwischen können mit schönen Kieselsteinen markiert werden. Wer viel Platz hat, kann die Kräuteruhr so groß anlegen, dass sie begehbar ist, also die Trennungslinien praktisch zu Trittpfaden werden. Diese lassen sich mit schönen Steinplatten oder Natursteinen auslegen. Der Fantasie und Kreativität sind hierbei keine Grenzen gesetzt. Eine weitere schöne Alternative ist das Bepflanzen eines großen, alten Wagenrads. Die Unterteilungen sind durch die Speichen bereits gegeben, es fehlt also nur noch die Bepflanzung.

Das Wegekreuz hat bis heute in der Gartengestaltung Tradition.

Ein mobiler Kräutergarten

Wer keinen Garten hat, muss nicht auf frische Kräuter verzichten, denn ein kleines Kräutergärtchen hat auch in Kästen und Kübeln Platz. Damit die Kräuter auch auf engem Raum gedeihen, ist die Wahl des Standorts von besonderer Bedeutung. Anders als im Garten ist auf Balkon und Terrasse ein Ausweichen auf geeignete Plätze nicht möglich. Deshalb muss man sich bei der Auswahl der Pflanzen nach den vorgegebenen Licht- und Schattenverhältnissen richten. Ideal ist die Südlage. Bei Ost- und Westlage reicht jedoch in der Regel eine stundenweise volle Lichtausbeute aus.

In Terrakottatöpfen kommen Kräuter schön zur Geltung.

Für die kleine mobile Kräutersammlung lassen sich Gefäße aller Größen aufstellen. Sie können dekorativ in Stufen angeordnet werden, Pflanzgefäße aus Ton und Stein, in unterschiedlichen Größen und Formen, sind besonders geeignet. Grundsätzlich lassen sich alle ein- und mehrjährigen Kräuter in Töpfen und Trögen kultivieren. In größeren Gefäßen gedeihen sogar ausdauernde Kräuter wie Melisse, Estragon, Salbei und Ysop. Bohnenkraut, Kerbel, Kresse und Dill lassen sich in Kästen aussäen. Rosmarin und Lorbeerbäumchen verleihen dem mobilen Kräutergärtchen mediterranes Flair. Sie müssen allerdings im Winter ins Haus geholt werden. Generell ist zu bedenken, dass Pflanzen in Gefäßen sich nur begrenzt mit Wasser und Nährstoff versorgen lassen. Eine durchlässige Erde und gute Drainage (Tonscherben oder eine Sandschicht auf den Abzugslöchern) verhindern »nasse Füße«. Nach dem Einwachsen sollten die Kräuter alle 4 Wochen mit organischem, flüssigem Dünger bzw. mit Kräuter- oder Kompostauszügen versorgt werden. Mehrjährige Kräuter muss man von Zeit zu Zeit umtopfen.

EIN HILDEGARD-HEILKRÄUTERGARTEN

Hildegard von Bingen

Altes Wissen der Klöster, die für ihre Heil- und Apothekengärten bekannt sind, wird heute wieder hochgeschätzt. Die Äbtissin Hildegard von Bingen (1098–1179) war Prophetin, Theologin, Naturwissenschaftlerin und Heilkundige. In ihrer Schriftensammlung »Physica« beschrieb sie rund 300 Kräuter, Sträucher und Bäume und hielt ihre Beobachtungen über deren Heilwirkung auf den Menschen fest. Diese haben bis heute nicht an Aktualität verloren. Hobbygärtner können sie als Inspirationsquelle nutzen und ein Medizinbeet mit wohltuenden Kräutern anlegen. Spannend an Hildegards Heilpflanzenlehre ist, dass sie auch typische Zierpflanzen beinhaltet. So enthält der private Hildegard-Garten Zierpflanzen zur Dekoration und eine eigene Hausapotheke für verschiedene Beschwerden.

Hildegard war nicht die die Erste, die das klösterliche Wissen niedergeschrieben hat. Aber man bezieht sich heute häufig auf ihre Lehre (Hildegard-Medizin, Hildegard-Garten). Zu ihrer Zeit hatte sie natürlich weniger den Hobbygärtner im Blick. Vielmehr setzte sie sich in ihren Schriften ganzheitlich mit dem gesamten Pflanzenreich, der heilenden Wirkung der Pflanzen, der Ernte und Verarbeitung auseinander. Dabei betrachtete sie Kräuter vom Wegesrand, landwirtschaftlich angebaute Pflanzen und Gartengewächse gleichwertig. Interessant sind ihre Ideen auch aus gestalterischer Sicht. In einem Hildegard-Garten wachsen Kräuter wie Ringelblume, Liebstöckel, Kümmel, Dill, Brunnenkresse, Sommer- und Bergbohnenkraut, Beifuß, Fenchel, Lavendel, Zitronenmelisse, Schafgarbe. Aber auch Zierpflanzen wie Akelei, Pfingstrose, Eibisch, Königskerze, Damaszenerrosen sowie Schwertlilien finden hier Platz. Außerdem empfahl Hildegard Mischkultur zur gegenseitigen Förderung des gesunden Wachstums. Bestimmte Pflanzen können sich in unmittelbarer Nachbarschaft in einem Beet gegenseitig fördern und zum Beispiel vor Schädlingen schützen. So sind Bohnen und das Bohnenkraut gute Nachbarn, Sellerie und Fenchel sollte man wechselweise auf demselben Fleck anbauen.

Bis heute basiert die Tradition der Klostergärten auf einer umfassenden Pflanzenkenntnis. Durch genaues Beobachten wussten Nonnen und Mönche, welche Pflanzen zueinander passen, sich gegenseitig fördern und schützen oder gar nicht miteinander vertragen. Hinzu kommt, dass Kräuter, Gemüse und Blumen unterschiedliche Ansprüche an ihren Standort haben. Außerdem fördert es das Wachstum, wenn Fruchtfolge, Gründüngung und Ruhejahre für die Beetabschnitte eingehalten werden. Man braucht dann viel weniger Dünger oder Pflanzenschutzmittel. So könnte man sagen, dass in den Klostergärten die Anfänge des biologischen Gartenbaus kultiviert wurden.

PFLANZVORSCHLAG

1. **Salbei, Borretsch, Lavendel**
2. **Estragon, Petersilie, Dill**
3. **Bergbohnenkraut, Oregano, Majoran**
4. **Thymian, Pimpinelle, Basilikum**
5. **Zitronenmelisse, Schnittlauch, Kerbel**

Als Zwischenbepflanzung Ringelblumen

KRÄUTERGARTEN PFLEGEN

Im Vergleich mit anderen Gartenpflanzen sind Kräuter recht anspruchslos und wachsen am besten, wenn man sie weitgehend in Ruhe lässt. Da sie sich aber als kultivierte Pflanzen harmonisch in das Gesamtbild des Gartens einfügen sollen, sind Eingriffe von Gärtnerhand nötig. Denn auch Kräuter gedeihen und liefern Würze nur, wenn man ihren Ansprüchen gerecht wird.

DER STANDORT

Die meisten Kräuter brauchen viel Licht und bevorzugen einen sonnigen und warmen Standort, was nicht bedeutet, dass sie den ganzen Tag volle Sonne benötigen. Aber eine direkte Einstrahlung von mindestens 5 Stunden sollte gewährleistet sein. Besonders geeignet sind Plätze vor einer hellen Hauswand, an der die Sonnenwärme reflektiert und gespeichert wird. Als günstig erweisen sich auch südliche und westliche Hanglagen zum Beispiel an eine Terrasse angrenzend. Damit die Kräuter vor Wind und sonstigen Witterungseinflüssen geschützt sind, kann man sie durch die Pflanzung hoher Gewächse wie Sonnenblumen schützen. Vor allem Würz- und Duftkräuter entwickeln an einem dauerhaft sonnigen und warmen Standort ein intensives Aroma, was besonders dann ins Gewicht fällt, wenn man die Kräuter konservieren will. Die witterungsbedingte Duftentwicklung lässt sich im Garten wahrnehmen, wenn man das Kräuterbeet an einem sonnigen und einem regnerischen Tag einem »Geruchstest« unterzieht. Vor allem in der Wärme der Mittagssonne geben sie die in ihnen enthaltenen ätherischen Öle frei. Aus dem Mittelmeerraum stammende Kräuter wie Lavendel, Rosmarin, Thymian oder Zitronenmelisse sollten den sonnigsten und windgeschütztesten Platz im Garten bekommen. Zur Not kann man besonders wärmeliebende Pflanzen in Kübel oder Töpfe setzen und vor eine Hauswand oder Mauer stellen. Einige Kräuter wie Bärlauch, Petersilie, Pfefferminze oder Waldmeister gedeihen besser im Halbschatten. Sie benötigen viel »Freiraum« und Luft um sich herum und sollten nicht durch andere Pflanzen eingeengt werden.

Die meisten Kräuter brauchen viel Licht.

DER BODEN

Generell gedeihen Kräuter am besten in einem lockeren, durchlässigen und humusreichen Boden. In einem nährstoffreichen, schweren Boden entwickeln die Pflanzen zwar ein üppiges Blattwerk, aber weniger Inhaltsstoffe und Duft. Hier muss der Boden durch Einarbeiten von Sand und Kompost aufgelockert werden. Die Struktur sehr durchlässiger und leichter Böden lässt sich mit Kompost und Zusatz vom Lehm verbessern. Leicht aufgestreute Steinmehle verbessern die Krümelstruktur des Bodens. Wenn dieser aber stark verdichtet ist, sodass kein Wasser abfließen kann, ist eine Drainage im Untergrund unerlässlich. Hierzu muss das Erdreich tief aufgegraben und eine dicke Schicht grober Kies aufgebracht werden. Die »Südländer« unter den Kräutern sind in der Regel an trockene und steinige Böden gewöhnt und sollten daher im Garten auch einen entsprechenden Standort angeboten bekommen. Im Halbschatten wachsende Kräuter mögen es zwar feucht, vertragen aber keine ständig nassen Füße. Eine tiefgründige Auflockerung des Bodens sorgt dafür, dass sich keine Staunässe bildet.

TIPP

Steingärten oder speziell für Kräuter angelegte Trockenmauern können schwierige Bodenverhältnisse gut überbrücken.

Vor dem Pflanzen muss häufig die Bodenstruktur mit Kompost, Lehm und Sand verbessert werden.

...KRÄUTER AUSSÄEN UND PFLANZEN...

Wenn Standort und Boden stimmen, das Saat- und Pflanzgut einwandfrei und frisch ist sowie sachgemäß gesät und gepflanzt wird, sind die meisten Kräuter pflegeleicht und anspruchslos. Ehe man im Frühjahr oder Herbst aussät, muss die Saatfläche gut vorbereitet werden:

- Der Boden sollte gut mit Humus angereichert, unkrautfrei und feinkrümelig sein.
- Es sollte nicht auf mit Stallmist gedüngte Flächen gesät oder gepflanzt werden, da das Aroma der Kräuter dadurch beeinträchtigt wird.
- Es ist auf Licht- und Dunkelkeimer zu achten. Bei Lichtkeimern darf der Samen nur ganz wenig mit Erde bedeckt werden.
- Kälteempfindliche Arten zieht man am besten im Zimmer vor und pflanzt sie erst nach den Eisheiligen ins Freiland.
- Bis zum Aufgehen der Saat sollte die Fläche gleichmäßig feucht, jedoch nicht nass gehalten werden.
- Vorgezogene oder vermehrte Kräuter werden im Frühjahr (April/Mai) oder Herbst (September/Oktober) ausgepflanzt.
- Da Stauden oder Halbsträucher über mehrere Jahre am gleichen Standort bleiben, muss man wissen, wie viel Platz sie im Laufe der Zeit brauchen und einen entsprechenden Pflanzabstand einhalten.
- Die Jungpflanzen müssen gut angegossen und in den nächsten 3 Wochen gleichmäßig feucht gehalten werden, bis sie gut angewurzelt sind.

Jungpflanzen werden ihrer Größe entsprechend in Pflanzlöcher gesetzt und fest in die Erde gedrückt.

WÄSSERN

Im Allgemeinen vertragen die meisten Kräuter Trockenheit besser als Nässe. Eine Ausnahme machen heimische Kräuter wie Schnittlauch, Pfefferminze, Kümmel, Engelwurz, Beinwell, Liebstöckel, Petersilie und Borretsch, die einen tiefgründigen, feuchten Boden bevorzugen.

Bei Kräutern kommt am besten die Gießkanne zum Einsatz.

Aussaaten und Jungpflanzen müssen regelmäßig feucht gehalten werden. Wie oft ansonsten im Kräutergarten gewässert werden muss, hängt von verschiedenen Faktoren, vor allem auch von der Witterung ab. Bei längeren Trockenperioden im Hochsommer kommen natürlich Schlauch und Gießkanne häufiger zum Einsatz. Aber auch die Beschaffenheit des Bodens bestimmt, in welchen Abständen gegossen werden muss. Bei einem sandigen und durchlässigen Boden hält sich die Feuchtigkeit auch nach längeren Regenperioden nicht lange und man muss rechtzeitig für Nachschub sorgen. In einem humusreichen Boden finden die Kräuter immer noch ausreichend Restfeuchte im Untergrund.

Die meist robusten Kräuter vertragen normales Leitungswasser und nehmen auch bei einem etwas höheren Kalkanteil keinen Schaden. Allerdings sollte das Gießwasser nicht eiskalt sein, die von der Sonne angewärmten Blätter könnten mit einem Kälteschock reagieren. Am besten füllt man das Wasser in große Gießkannen ab, damit es sich erwärmen und Lufttemperatur annehmen kann. Bei genügendem Abstand zwischen den Kräutern kann man das Erdreich dazwischen gelegentlich hacken, um die Kapillarröhrchen im Boden zu verschließen, dadurch wird die Verdunstung verringert.

TIPP

Man gießt möglichst am frühen Vormittag, damit die Wurzeln das Wasser bekommen, das sie brauchen, bevor ein Teil davon ungenutzt verdunstet. Wird am Abend gewässert, sollte das Laub nicht benetzt werden, damit es nicht feucht in die Nachtkühle geht.

...DÜNGEN

Was die Nährstoffversorgung angeht, sind Kräuter sehr anspruchslos. In einem guten, humusreichen Boden genügt es, wenn im Frühjahr reifer Kompost zwischen den Kräutern aufgebracht und in die oberste Erdschicht eingearbeitet wird. Nur starkwüchsige Pflanzen wie Liebstöckel, Schnittlauch, Beinwell und Engelwurz vertragen hin und wieder eine Zusatznahrung. Hier eignen sich am besten Hornspäne, Knochen- und Blutmehl oder im Handel erhältliche organische Dünger, die um die Pflanzen herum ausgestreut und in die Erde eingeharkt werden. Mineralische Dünger sollten nur dann verabreicht werden, wenn die Pflanzen Mangelerscheinungen (vor allem an Stickstoff) zeigen zum Beispiel durch nachlassendes Wachstum und klein bleibende, verblassende Blätter. Bei der Nährstoffversorgung gilt der Grundsatz: eher zu wenig als zu viel! Denn eine Überversorgung macht die Pflanzen anfällig für Krankheiten und mindert Aroma und Würzkraft.

TIPP

Im Sommer kann man eine kleine Portion stark verdünnte Brennnesseljauche (1:20) direkt in den Wurzelbereich gießen. Die nahrhafte Brühe aber niemals über die Blätter sprühen. Ihr Geruch könnte den Genuss der Würze verderben.

In einem humosen Boden werden die Kräuter auch ohne zusätzliche Nährstoffversorgung »satt«.

Grundsätzlich kommt für den Kräutergarten der Einsatz von chemischen Pflanzenschutzmitteln nicht in Frage. Würzkräuter werden täglich frisch für den sofortigen Verbrauch geerntet und müssen natürlich völlig frei von Schadstoffen sein. Allerdings sind Kräuter auch wenig anfällig für Schadstoffe und werden kaum von Krankheiten befallen, da ihre besonderen Inhaltsstoffe ihnen einen natürlichen Schutz geben. Kräuterauszüge werden auch im Garten als vorbeugende und heilende Mittel gegen Schädlinge und Krankheiten eingesetzt. Im Kräutergarten empfehlen sich überwiegend mechanische Pflanzenschutzmaßnahmen. Bei rost- und mehltaubefallener Minze und Melisse führt zum Beispiel ein kräftiger Rückschnitt zu einem gesunden Neuaustrieb. Zur Bekämpfung von Blattläusen und weißer Fliege kann man Gelbtafeln aufhängen. Treten doch einmal vermehrt Schädlinge oder Krankheiten auf, die sich durch Absammeln bzw. Entfernen befallener Pflanzenteile nicht beseitigen lassen, sind im Fachhandel ungiftige, nützlingsschonende Mittel erhältlich. Zu jedem Kräutergarten gehört eine Kräutertonne, um Kräuterabfälle zu sammeln und diese mit Wasser für Kräuterjauchen und -brühen anzusetzen. Die bekanntesten Kräuter für gezielte Schutzmaßnahmen sind Brennnessel, Schachtelhalm, Beinwell und Rainfarn. In der Regel wird 1 kg Grünmasse handlang geschnitten und in Bottichen oder Fässern in 10 l Wasser (möglichst Regenwasser) angesetzt. Nach 24 Stunden ist der Kräuterauszug spritzfertig und kann unverdünnt eingesetzt werden.

Ansetzen einer Kräuterbrühe

TIPP

Ein Kräutertee zur Pflanzenstärkung wird durch Überbrühen von frischen und getrockneten Kräutern mit kochendem Wasser hergestellt. Auch Rückstände von Trink-Kräutertees lassen sich nach nochmaligem Überbrühen verwenden.

...VERMEHRUNG

Da es bei den Kräutern ein-, zwei- und mehrjährige Arten gibt, lassen sich die Pflanzen sowohl auf geschlechtlichem (generativem) Wege über die Aussaat, als auch auf ungeschlechtlichem (vegetativem) Wege durch Wurzelteilung, Ausläufer, Stecklinge oder Absenker vermehren.

Aussaat

Die meisten Kräuter lassen sich aus Samen heranziehen und können ab Mitte Mai direkt ins Freiland ausgesät werden. Für kälteempfindliche Arten wie Basilikum, Lavendel, Majoran, Rosmarin, Salbei, Thymian und Ysop empfiehlt sich eine warme Anzucht auf der Fensterbank. Kälteunempfindliche Arten wie Petersilie, Borretsch, Dill, Kerbel, Kresse und Kümmel kann man auch bereits im März/April, wenn sich der Boden schon ein wenig erwärmt hat, ins Freie säen.

Auch mehrjährige Kräuter lassen sich durch Aussaat vermehren. Da aber in den meisten Fällen von ihnen 1 bis 2 Pflanzen als Würzkräuter für einen Haushalt ausreichen, werden mehrjährige Kräuter in der Regel auf vegetativem Weg vermehrt, zumal auf diese Weise schneller mit kräftigen, großen Pflanzen zu rechnen ist. Für die Aussaat von mehrjährigen Kräutern direkt ins Freiland sollte man ein Saatbeet angelegen. Hier werden die Pflänzchen wie in einem Anzuchtkasten auf der Fensterbank unter einer Folie herangezogen und dann bei ausreichender Größe an den endgültigen Standort gesetzt. Direktsaat ins Freiland – am besten in Reihen – empfiehlt sich dort, wo die Kräuter für sich alleine auf einem Beet stehen. Einige bietet der Fachhandel auch in Form von Saatbändern an. Hier sind die Samenkörner bereits im richtigen Abstand eingelegt. Vor dem Auslegen müssen die Bänder noch gründlich gewässert werden.

1 Man mischt zunächst die Samen mit Sand und streut dann die Mischung in die Saatrille.

2 Die Saatbänder schneidet man auf die vorgegebene Beetlänge zu.

Anzucht von Jungpflanzen aus Saatgut

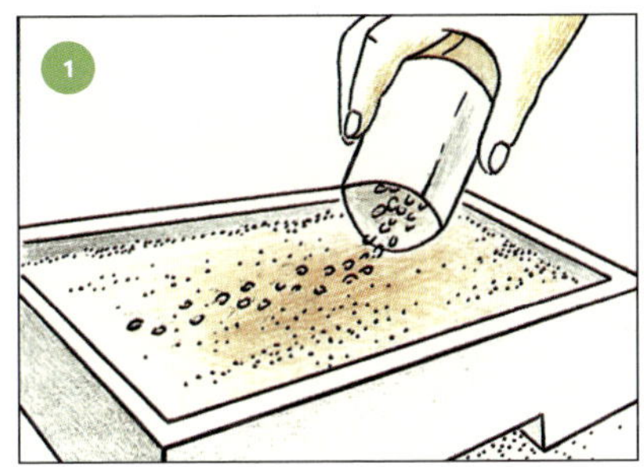

1 Eine flache Schale wird bis 1 cm unter den Rand mit Anzuchterde gefüllt. Die Samen werden auf das angefeuchtete Substrat gestreut.

2 Anschließend deckt man die Samen mit gesiebter Erde oder feinem Kompost ab.

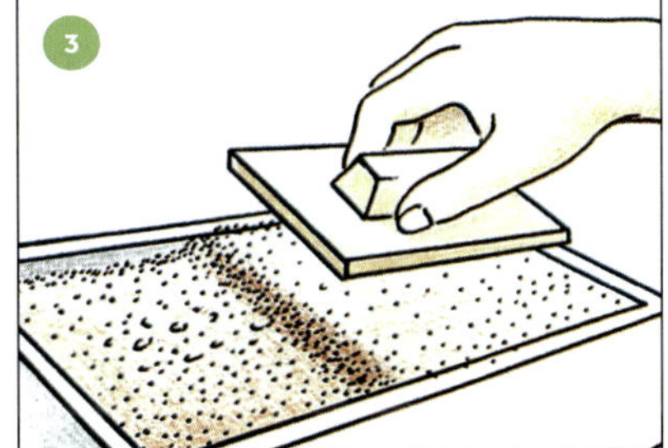

3 Mit einem Brettchen oder kleinen Holzstück drückt man die Erde leicht an.

4 Nach dem Befeuchten stellt man die Anzuchtschale an einen hellen, warmen Platz und deckt sie mit einer Glasscheibe oder Klarsichtfolie ab, um die Verdunstung zu verringern.

Sobald die ersten grünen Pflanzenspitzen erscheinen, muss jedoch regelmäßig gelüftet werden, damit es nicht zu Fäulnis kommt. Sind die Pflänzchen etwas herangewachsen, kann man die Abdeckung ganz entfernen. Während des gesamten Keimvorgangs und auch danach muss man das Substrat leicht feucht halten.

Anzucht von Jungpflanzen im Torfquelltopf

Aufgrund seiner guten wasserspeichernden Eigenschaften ist Torf hervorragend für die Jungpflanzenanzucht geeignet. Torfquelltöpfe bestehen aus Torf, der in ein dünnes Netz aus Polymilchsäure gepresst ist. Beim Kauf sind sie plattgepresst und ähneln einer Tablette mit einem Durchmesser von 4 cm. Man übergießt diese mit einer halben Tasse warmem Wasser. Sie quillt dann schnell auf und erhält ihre eigentliche Form und ihr Volumen. Überschüssiges Wasser nach dem Quellvorgang sollte unbedingt abgegossen werden. Es empfiehlt sich, das Netz der Quelltöpfe an der Oberseite ein wenig zu öffnen. Mit einem Pikierstab drückt man kleine Vertiefungen in das Substrat. Dann können die Pflanzensamen ausgesät werden. Während des Wachstums müssen die Torfquelltöpfe feucht gehalten werden, Staunässe ist aber unbedingt zu vermeiden. Wenn die Sämlinge genügend Wurzeln gebildet haben, kann man sie samt dem Torfquelltopf ins Freiland auspflanzen. Die Wurzeln durchdringen mit der Zeit das Netz und der Topf baut sich biologisch ab.

1 Drei oder vier Samenkörner werden in einen Torquelltopf gelegt.

2 Unter optimalen Bedingungen beginnt die Keimung nach einer Woche. Nach dem Aufgehen kneift man die schwächsten Sämlinge ab.

3 Die Jungpflanze wird nach den Eisheiligen mitsamt dem Topf ins Beet gesetzt.

Stecklinge

Auch staudig oder halbstrauchartig wachsende Kräuter lassen sich relativ einfach vermehren. Man schneidet im Juli/August von nicht blühenden und gesunden Trieben ca. 10 cm lange Kopfstecklinge ab. Jeder Steckling sollte mindestens 3 Blattpaare haben. Die Stecklinge werden nun bis zum ersten Blattansatz in eine besondere Anzuchterde gesteckt. Diese kann aus nährstoffarmer, feiner Pflanzenerde und einem Drittel Sand oder Perlite selbst angemischt werden. Dann wird vorsichtig angegossen. Eine Abdeckhaube sorgt für gleichmäßige Luftfeuchtigkeit. Treibt der Steckling neu aus, ist dies ein Zeichen dafür, dass er angewurzelt ist. Jetzt entfernt man die Abdeckung und gießt regelmäßig, aber nicht zu viel, damit die neuen Würzelchen nicht faulen. Im September/Oktober können dann die Jungpflanzen am vorgesehenen Standort ausgepflanzt werden.

1 Man schneidet etwa 10 cm lange Stecklinge.

2 Die Schnittstelle kann in Bewurzelungspulver getaucht werden.

3 Anschließend setzt man die Stecklinge in Anzuchterde und deckt sie ab.

Teilung

Einige ausdauernde Staudenkräuter wie Estragon, Oregano, Schnittlauch und Zitronenmelisse lassen sich am einfachsten im Frühjahr oder Herbst durch Teilung des Wurzelstocks vermehren. Relativ kleine Stauden können durch einfaches Auseinanderziehen des Wurzelsystems geteilt werden. Größere Stauden haben auch ein stärkeres, oftmals fest ineinander verflochtenes Wurzelsystem und sind nur mit Hilfe von zwei Grabgabeln oder mit einem Spaten zu teilen. Vor dem Einsetzen der Teilstücke schneidet man beschädigte oder abgestorbene Wurzeln ab. Nach dem Einpflanzen muss reichlich gewässert werden. Durch Teilung des Wurzelstocks werden zudem ältere Stauden verjüngt, die aus der Mitte heraus zu verkahlen beginnen und im Wachstum nachlassen.

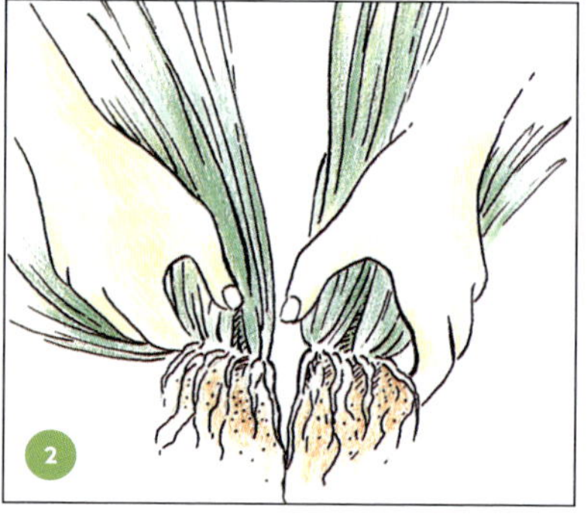

1-2 Kleinere Stauden hebt man mit der Grabgabel heraus und reißt vorsichtig mit den Händen das Wurzelgeflecht auseinander.

3 Größere Stauden lassen sich nur mit einem gezielten Spatenstich teilen.

Wurzelausläufer

Einige Kräuter wie Estragon, Pfefferminze und Waldmeister bilden Wurzelausläufer, die sich unterirdisch verbreiten, sodass die Pflanze rasch große Flächen bedeckt. Wenn man mit einem Spaten die Ausläufer zusammen mit den grünen Trieben absticht, gewinnt man neue Pflanzen für andere Standorte und hat zugleich die Mutterpflanze wieder in Form gebracht. Werden vor dem Einsetzen des Ausläuferstücks die grünen Triebe etwas eingekürzt, wächst die Pflanze schneller an.

Bewurzelte Jungpflanzen werden von der Mutterpflanze abgestochen.

Absenker

Bei dieser einfachen Vermehrungsmethode wird ein möglichst langer, bodennaher Trieb auf den Boden heruntergebogen, mit einem Haken in einer Mulde festgesteckt und dort mit Erde bedeckt. Sobald sich neue Wurzeln entwickelt haben, trennt man den Absenker ab und setzt die neue Pflanze an den vorgesehenen Platz. Durch Absenker lassen sich gut Bergminze, Majoran, Salbei, Thymian, Ysop und Winterbohnenkraut vermehren.

1 Ein langer, bodennaher Trieb wird heruntergebogen und in der Mitte entblättert.

2 Man befestigt den Trieb mit einem Haken in einer kleinen Mulde und deckt mit Erde ab.

3 Nach der Bewurzelung wird der Absenker abgetrennt und am neuen Standort eingepflanzt.

KRÄUTER IN GEFÄSSEN PFLEGEN

Auch bei Kräutern in Gefäßen muss auf einen sonnigen Standort geachtet werden.

Die meisten Kräuter eignen sich auch für die Kultur in Kübeln, Kästen und Töpfen. In größeren Pflanzgefäßen gedeihen sogar ausdauernde Kräuter wie Zitronenmelisse, Estragon, Ysop und Salbei. Dill, Bohnenkraut, Kerbel und Kresse können in Kästen ausgesät werden. Entscheidend für das Wohlbefinden der Pflanzen ist das richtige Substrat. Im Handel gibt es spezielle Kräutererde, die für die Topfkräuter in der Regel gut geeignet ist. Wichtig ist, dass die Produkte oft mit einem Depotdünger ausgestattet sind und die Pflanzen einige Wochen mit Nährstoffen versorgen. An Pflegemaßnahmen ist folgendes zu beachten:

- Im Frühling sollten die Kräuter in größere Gefäße umgetopft werden. Unkraut und abgestorbene Blätter werden entfernt. Bei einer mehrjährigen Pflanze schneidet man die Spitzen ab, um neues Wachstum zu fördern. Damit das Gießwasser gut abfließen kann, gibt man Kiesel als Drainage in das Gefäß. Sobald die Pflanzen austreiben, wird gedüngt.
- Im Sommer kommt es vor allem auf die richtige Bewässerung an, die Pflanzen dürfen nicht vollständig austrocknen. Die Blüten werden abgeschnitten, von Schädlingen befallene Blätter entfernt. Einmal pro Woche wird gedüngt.
- Im Herbst stutzt man die mehrjährigen Pflanzen. Unkraut wird entfernt und die obere Substratschicht erneuert. Nun wird auch weniger gegossen. Frostempfindliche Kräuter holt man rechtzeitig ins Haus.
- Im Winter müssen alle Kübelpflanzen vor Frost geschützt und in einen kalten Raum gestellt werden. Man gießt nur noch, wenn es unbedingt nötig ist.

ÜBERWINTERUNG

Empfindliche Kräuter müssen im Beet vor Frostschäden geschützt werden oder im Haus überwintern, damit sie die kalte Jahreszeit ähnlich problemlos überstehen wie die frostharten Arten. Kräuter im Topf sind mobil und empfindliche Arten kann man im Handumdrehen an einen frostfreien Platz bringen. Frostgefährdete Kräuter, die weiterhin draußen stehen, muss man mit einem entsprechenden Winterschutz versehen. So steht die frische Würze das ganze Jahr über immer zur Verfügung.

Wie man Kräuter am besten überwintert, ist abhängig von der Art, der Herkunft und der natürlichen Lebenserwartung. So bilden einjährige Kräuter wie Dill oder Majoran Samen, aus denen man im nächsten Jahr einfach neue Pflanzen ziehen kann, und gehen dann ein. Die Art des Winterschutzes bei zwei- und mehrjährigen Kräutern hingegen ist vor allem abhängig von ihrer Herkunft. Mediterrane Kräuter wie Lavendel und Salbei sind bei uns nur bedingt winterhart, weil die Winter im Mittelmeerraum eher mild und meist frostfrei sind.

Bergbohnenkraut, Estragon, Fenchel, Oregano, Salbei und auch Thymian kommen mit den Wintertemperaturen in unseren Breitengraden nicht immer problemlos zurecht. Man sollte deshalb im Herbst Reisig bereitlegen, um die Pflanzen bei strengen Frösten abzudecken. Beifuß, Liebstöckel, Petersilie, Schnittlauch, Sauerampfer und Tripmadam kommen ohne Winterschutz aus.

Wer auch im Winter stets frisches Grün für die Küche ernten will, holt einige der Kräuter im Herbst ins Haus, wo sie sich in einem mäßig warmen und hellen Raum gut halten. Standort, Licht und Lufttemperatur müssen den Ansprüchen der Pflanzen genügen und es darf weder zu viel noch zu wenig gegossen werden.

TIPP

Deckt man Petersilie mit Fichtenreisig ab, behält sie ihre Blätter länger und liefert bis weit in den Dezember hinein frische Würze für die Küche.

Lorbeer und Rosmarin zählen zu den kälteempfindlichen Gewächsen, die im Garten einen Winterschutz brauchen.

KRÄUTER IN DER NATUR SAMMELN

Unbelastete Kräuter findet man nur weit entfernt von aller Zivilisation: auf Wiesen, auf dem freien Feld, im Gebirge oder im Unterholz und Gebüsch. Hier, in ihrer natürlichen Umgebung wachsen sie unbelastet von Schadstoffen im Gleichgewicht mit anderen Pflanzen und sind auch reich an Wirkstoffen. Man sollte deshalb Kräuter keinesfalls an Straßenrändern, in der Nähe offener Müllhalden oder landwirtschaftlich intensiv genutzter Flächen sammeln.

Selbstverständlich geht der Kräutersammler schonend und achtsam mit der Natur um. Man entnimmt nur kleine Mengen und belässt immer genügend Pflanzen zur Arterhaltung am Sammelort. Zum Sammeln eignet sich am besten ein Korb aus natürlichen Materialien, in dem das Sammelgut nicht zu dicht aufeinander liegt oder gepresst wird.

Für die unterschiedlichen Pflanzenteile gilt:

- Die Blätter sammelt man im Spätfrühling, wenn sie sich voll entfaltet haben. Junge Blätter sind besonders zart, ältere werden häufig hart und bitter.
- Blüten pflückt man am besten, bevor sie sich geöffnet haben, dann enthalten sie die meisten Wirkstoffe.
- Samen werden vor ihrer Freisetzung gesammelt, sie lassen sich mit Hilfe eines Siebes von den anderen Pflanzenteilen trennen.

In einem Korb bekommen die frisch gesammelten Kräuter genügend Luft.

Kräuter ernten

Harte Stängel schneidet man mit einem Messer oder einer Schere ab.

In der Regel werden Kräuter das ganze Jahr über frisch geerntet und gleich verwertet. Viele, vor allem die mehrjährigen Gewächse, liefern in den Sommermonaten so viel würziges Grün, dass man auch ausreichend Vorräte für den Winter anlegen kann.

Will man Kräuter konservieren, sind der richtige Erntezeitpunkt, die Tageszeit und die Witterung entscheidend. Dabei ist unbedingt zu beachten, dass man die Pflanzen nicht regelrecht »plündert«, da einerseits meist mehr gepflückt wird, als verbraucht werden kann und andererseits die Gewächse dies nicht verkraften. Wurde allerdings für die Konservierung so reichlich angebaut, dass immer noch genügend Kräuter für den frischen Verbrauch übrigbleiben, kann man großzügig ernten und dann ausdauernde Pflanzen bis zur Hälfte zurückschneiden.

Im Hochsommer erreichen die meisten Würzkräuter kurz vor der Blüte den Höhepunkt ihrer Reife und haben den höchsten Gehalt an ätherischen Ölen und anderen wertvollen Inhaltsstoffen. Wer jetzt erntet, gewinnt den größten Reichtum an Düften und aromatischer Würze. Blätter und Triebe sollten möglichst mit der Hand gepflückt werden. Nur bei sehr harten Stängeln nimmt man ein scharfes Messer oder eine Schere zur Hand. Der günstigste Zeitpunkt ist der späte Vormittag an einem sonnigen Tag, wenn der Tau auf den Pflanzen gerade abgetrocknet ist. Die sommerliche Hitze darf die Blätter noch nicht ermattet haben, sie sollen frisch und voller Saft sein. Man erntet nur gesunde Blätter und Triebe. Zum Sammeln eignet sich ein luftiges Weidenkörbchen, in dem die Pflanzen locker aufeinandergelegt werden. Kräuter für den Sofortverbrauch in der Küche können während der ganzen Wachstumsperiode geschnitten werden, solange Blätter und Triebe noch grün und aromatisch sind. Anders als bei den zum Konservieren bestimmten Kräutern kommt es hier nicht vorrangig auf den Zeitpunkt des höchsten Wirkstoffgehalts, sondern auf die Frische an. Samen, zum Beispiel von Fenchel oder Kümmel, erntet man, sobald sie reif sind und von selbst ausfallen. Ganze Pflanzen zum Trocknen werden kurz vor der Blüte gepflückt. Erntegut, das nicht sofort verbraucht wird, sollte an einem luftigen, schattigen Platz zwischengelagert werden.

KRÄUTER IM ÜBERBLICK

Deutscher und botanischer Name	Freilandaussaat/Pflanzung	Standort	Ernte
EINJÄHRIGE KRÄUTER			
Dill *Anethum graveolens*	ab IV in Folgesaaten	sonnig	Blätter fortlaufend bis zum Herbst; Blütenstände ab Blühbeginn; Samen
Kerbel *Anthriscus cerefolium*	III bis IV	sonnig bis halbschattig	junge Blätter, fortlaufend
Schnittsellerie *Apium graveolens*	ab Mitte V	sonnig bis halbschattig	Blätter fortlaufend
Borretsch *Borago officinalis*	IV bis VI	sonnig bis halbschattig	junge Blätter fortlaufend
Kamille *Chamomilla recutita*	IV bis VI	sonnig	Blüten bis IX
Koriander *Coriandrum sativum*	Ende III bis Anfang IV	sonnig bis halbschattig	Samen (Früchte)
Kresse *Lepidum sativum*	ab III in Folgesaaten	sonnig bis schattig	junge Blätter fortlaufend
Winterportulak *Montia perfoliata*	IV oder VIII bis IX	sonnig bis halbschattig	junge Blätter fortlaufend
Basilikum *Ocimum basilicum*	ab Mitte V	sonnig	Blätter und junge Triebe, den ganzen Sommer über
Bohnenkraut *Satureja hortensis*	ab Mitte Mai	sonnig	Blätter den ganzen Sommer über
Majoran *Origanum majorana*	ab Mitte V	sonnig	Triebspitzen und Blätter fortlaufend
Bohnenkraut *Satureja hortensis*	ab Mitte V	sonnig	Blätter den ganzen Sommer über
Weißer Senf *Sinapis alba*	III bis V	sonnig	junge Blätter fortlaufend; Samen ab VII bis VIII
Kapuzinerkresse *Tropaeolum majus*	ab Mitte V	sonnig	Blätter und Blüten fortlaufend
ZWEIJÄHRIGE KRÄUTER			
Kümmel *Carum carvi*	III bis IV	sonnig bis halbschattig	Samen VI bis VII im 2. Jahr
Löffelkraut *Cochlearia officinalis*	III bis IV oder VIII bis IX	sonnig	frische Blätter ganzjährig
Petersilie *Petroselinum crispum*	April/Mai oder Juli/August	sonnig bis halbschattig	Blätter ab Juni bis zur Blüte
AUSDAUERNDE KRÄUTER			
Schafgarbe *Achillea millefolium*	April/Mai	sonnig	während der Blüte junge Blätter; ganzes Kraut zum Trocknen
Knoblauch *Allium millefolia*	Stecken der Zehen im Frühjahr oder Herbst	sonnig bis halbschattig	Knolle im Frühjahr oder Sommer nach dem Stecken

Deutscher und botanischer Name	Freilandaussaat/Pflanzung	Standort	Ernte
AUSDAUERNDE KRÄUTER			
Schnittlauch *Allium schoenoprasum*	III bis IV	sonnig bis halbschattig	Röhrenblätter fortlaufend
Bärlauch *Allium ursinum*	Aussaat VIII bis II	schattig	frische Blätter bis kurz vor der Blüte
Engelwurz *Angelica archangelica*	Aussaat ab III	halbschattig	frische Blätter ab V; Samen und Wurzeln im Herbst
Meerrettich *Amoracia rusticana*	Pflanzen von Wurzelstücken im Frühjahr	halbschattig bis schattig	Wurzeln Sommer bis Herbst
Wermut *Artemisia absinthium*	Pflanzung im Frühjahr	sonnig	fortlaufend junge Blätter
Eberraute *Artemisia abrotanum*	Pflanzung ab Mitte V	sonnig	junge Triebspitzen den ganzen Sommer über
Beifuß *Artemisia vulgaris*	Aussaat V	sonnig	junge Blätter bis zur Blüte; Blütenknospen
Fenchel *Foeniculum vulgare*	Aussaat III bis IV	sonnig	Blätter fortlaufend; halbreife Früchte ab dem 2. Jahr
Ysop *Hyssopus officinalis*	ab Mitte V	sonnig	Blätter fortlaufend
Lavendel *Lavandula angustifolia*	ab Mitte V	sonnig	zarte Triebspitzen im Sommer
Liebstöckel *Levisticum officinale*	Aussaat III bis IV; Pflanzung von Wurzelstücken	sonnig bis halbschattig	Blätter fortlaufend; Wurzelstücke im Frühjahr oder Herbst
Zitronenmelisse *Melissa officinalis*	Pflanzung im Frühjahr	sonnig bis halbschattig	Blätter fortlaufend
Echte Pfefferminze *Mentha x piperita*	Pflanzen der Wurzelableger im Frühjahr	sonnig bis halbschattig	Blätter fortlaufend
Oregano *Origanum vulgare*	Aussaat IV bis V	sonnig	Triebspitzen fortlaufend
Rosmarin *Rosmarinus officinale*	Pflanzung nur im Kübel	sonnig	Triebspitzen den ganzen Sommer über
Weinraute *Ruta graveolens*	IV	sonnig	junge Blätter fortlaufend
Salbei *Salvia officinalis*	ab V	sonnig	junge Blätter fortlaufend
Pimpinelle *Sanguisorba minor*	IV bis V	sonnig	junge Blätter fortlaufend
Bergbohnenkraut *Satureja montana*	IV bis V	sonnig	Blätter ganzjährig
Tripmadam *Sedum reflexum*	Samen im zeitigen Frühjahr	sonnig	Triebspitzen (nicht blühend) das ganze Jahr über
Beinwell *Symphytum officinale*	Pflanzung von Wurzelstücken im Frühjahr	halbschattig	frische Blätter vom Frühjahr bis zum Herbst
Thymian *Thymus vulgaris*	ab IV	sonnig	junge Blätter bis zum Herbst
Brennnessel *Urtica dioica*	Pflanzung von Wurzelstücken im Frühjahr	sonnig bis halbschattig	junge Blätter fortlaufend

KRÄUTER
VON A BIS Z

Gewürz- und Küchenkräuter werden eingeteilt in ein-, zwei- und mehrjährige Kräuter. Einjährige Kräuter werden im Frühjahr ausgesät, sind im Sommer erntereif und sterben mit Frosteintritt ab. Bei zweijährigen Kräutern erstreckt sich die Wachstumszeit über zwei Vegetationsperioden. Bei mehrjährigen bzw. ausdauernden Kräutern sterben die grünen Teile der Pflanze über den Winter ab, sie treibt aber im Frühjahr wieder neu aus.

WAS DER KRÄUTERGÄRTNER WISSEN SOLLTE

Im botanischen Sinne sind unter Kräutern kurzlebige, nicht verholzende Gewächse zu verstehen. Die Bezeichnung »Kräuter« hat sich für alle heilkräftigen und würzenden Pflanzen in der Pflanzenheilkunde und Küche eingebürgert. Kräuter werden je nach ihrer Lebensdauer in ein-, zwei- und mehrjährige bzw. ausdauernde Pflanzen eingeteilt. Bei den Würzkräutern kommen noch zwiebel- und lauchartige Pflanzen hinzu.

Einjährige Kräuter

Bei ihnen erfolgen Keimung, Blüte und Samenreife im Verlauf einer Vegetationsperiode. Spätestens beim ersten Frost stirbt die gesamte Pflanze ab. Ihr Fortbestand wird durch einen reichen Samenansatz gesichert. Zu den einjährigen Kräutern zählen u.a. Basilikum, Dill, Kerbel, Kresse, Majoran.

Zweijährige Kräuter

Die zweijährigen Kräuter entwickeln im ersten Jahr Blätter und Triebe. Dann überwintern die Pflanzen und bilden im Folgejahr Blüten und Samen aus. Zu den zweijährigen Kräutern gehören u.a. Kümmel, Petersilie und Löffelkraut.

Mehrjährige bzw. ausdauernde Kräuter

Bei den mehrjährigen Kräutern setzt das Blühen und Fruchten sofort, aber oft auch erst nach einigen Jahren ein, wiederholt sich dann aber jedes Jahr aufs Neue. Zu den ausdauernden Kräutern werden Stauden und Halbsträucher gezählt z. B. Bärlauch, Beifuß, Beinwell, Bergbohnenkraut, Brunnenkresse, Estragon, Fenchel, Knoblauch, Lavendel und Liebstöckel.

Geschützte Kräuter

Wer zur Ergänzung der Heil- und Würzkräuter in seinem Kräutergarten Pflanzen in der freien Natur sammeln will, muss sich zuvor vergewissern, ob diese nicht unter Naturschutz stehen. In so genannten »Roten Listen« sind gefährdete Pflanzen ausgewiesen. Als Alternative kann der Kräuterliebhaber diese geschützten, seltenen Arten in Gärtnereien beziehen und sie im eigenen Kräutergarten ansiedeln, der auf diese Weise sogar zu einem Rückzugsgebiet gefährdeter Pflanzen werden kann.

GEMEINE SCHAFGARBE

Achillea millefolium

Die Schafgarbe ist auf der ganzen Welt zu finden. Sie wächst auf Ödland ebenso wie auf Weiden und Wiesen. Die zweijährige buschige, aromatisch riechende Staude aus der Familie der Korbblütler wird 40–90 cm hoch. Aus dem kriechenden Wurzelstock entwickeln sich zuerst Laubblattrosetten und danach die Blütentriebe. Die Blätter sind wechselständig, doppelt oder dreifach fiederspaltig, die Blütenstände in einer rispigen Scheindolde angeordnet. Die Scheibenblüten der Köpfchen sind weiß, die Zungenblüten weiß, rosa oder rot gefärbt. Blütezeit ist von Juni bis Oktober.

Kultivierung

Die widerstandsfähige Pflanze braucht einen sonnigen Platz mit mäßig feuchtem, nährstoffreichem Boden. Die Aussaat erfolgt am besten im Frühjahr. Die Pflanze ist ein Lichtkeimer, deshalb werden die Samen nur ganz leicht mit Erde abgedeckt. Die wuchsfreudige Schafgarbe bildet viele Wurzelausläufer in nur einem Sommer. Um ein unkontrolliertes Ausbreiten zu verhindern, teilt man den Wurzelstock im Frühjahr oder zu Herbstbeginn und pflanzt die Teile an geeigneter Stelle wieder aus. Das Kraut ist der »Pflanzendoktor« im Garten. Die Absonderungen seiner Wurzeln erhöhen die Resistenz anderer Pflanzen, die in seiner Nähe wachsen gegen Krankheiten.

Ernte

Zum Sofortverbrauch in der Küche verwendet man nur frische junge Blättchen. Für die Zubereitung von Tees wird das ganze blühende Kraut geerntet, indem man es handbreit über dem Boden abschneidet. Dann wird es gebündelt und an einem schattigen, luftigen Ort zum Trocknen aufgehängt.

Verwendung

Die frischen Blättchen passen zu Suppen, Eintöpfen und Salat und werden frisch auf die angerichtete Speise aufgestreut. Sparsam dosiert schmecken sie auch zu Quark. Schafgarbentee hilft bei leichten Magen und Darmbeschwerden

FRAUENMANTEL

Alchemilla

Der Frauenmantel ist in den Bergen Europas, Asiens und Amerikas beheimatet. Die ausdauernde Pflanze aus der Familie der Rosengewächse ist sowohl an feuchten Plätzen als auch in trockenen, schattigen Wäldern zu finden. Er hat einen kräftigen, verholzten Wurzelstock. Die 50 cm langen, hellgrünen Stängel sind rötlich überlaufen und verzweigen sich stark. Die großen, behaarten, kreisrunden Blätter sind handförmig gelappt und erinnern an einen weiten, fächerförmigen Mantel. Am Frauenmantel lässt sich eine interessante Erscheinung beobachten. In Nächten mit hoher Luftfeuchtigkeit scheidet die Pflanze an den Blatträndern reichlich Wasser aus, bis zum Morgen sammelt es sich in großen Tropfen (Guttationstropfen) in der trichterartigen Vertiefung der Blattmitte. Blütezeit ist von Mai bis September.

Kultivierung

Der Frauenmantel ist vollkommen winterhart und braucht im Garten einen tiefgründigen, gut durchlässigen, aber feuchten Boden sowie einen sonnigen oder halbschattigen Platz. Wenn man im Frühjahr sät, kommt die Pflanze im nächsten Sommer zur Blüte, danach empfiehlt sich ein Rückschnitt. Sobald die Pflanze im Garten heimisch geworden ist, sorgt sie durch Selbstaussaat für reichlich Nachwuchs. Sie lässt sich aber auch problemlos durch Teilung des Wurzelstocks vermehren. Der Frauenmantel wird gerne als Rabattenabschluss gepflanzt. .

Ernte

Geerntet werden im Sommer während der Blüte junge Blätter, Blüten, Samen und auch Wurzeln. Die Blätter werden vor der Blüte zum Trocknen gesammelt.

Verwendung

Die jungen Blätter haben einen milden, leicht bitteren Geschmack. Klein geschnitten ergeben sie eine feine Würze für Salate. Der Frauenmantel gilt bis heute als Heilmittel bei Menstruations- und Wechseljahresbeschwerden.

KNOBLAUCH

Allium sativum

Der Knoblauch ist ein uraltes Heil- und Würzkraut. Ursprünglich stammt er aus Zentralasien. Von dort wurde er über den Nahen Osten nach Süd- und schließlich nach Mitteleuropa gebracht. Die Wachstumszeit der zweijährigen, winterharten Pflanze aus der Familie der Liliengewächse erstreckt sich über zwei Vegetationsperioden. Aus einer Zwiebel wächst im Frühjahr ein aufrechter, bis 1 m hoher, runder Blütenschaft mit langen, schmalen Blättern. Der rötlich-weiße, kugelige Blütenstand ist von einem langgezogenen Hüllblatt umgeben, zwischen den kleinen Blütchen sitzen eiförmige, weiße bis rosa Brutzwiebeln. Blütezeit ist August/September.

Kultivierung

Der Knoblauch bevorzugt im Garten einen sonnigen, windgeschützten Standort mit tiefgründigem, lehmig-humosem und durchlässigem Boden. Er wird nur durch Brutzwiebeln oder Zehen vermehrt, die entweder Ende Oktober oder Anfang März in Abständen von 15 cm mit dem abgerundeten Ende nach oben 3 cm tief in den Boden gesteckt werden. Bei längeren Trockenperioden muss gegossen werden. Die Pflanzen sind im Sommer ausgewachsen, sobald die an der Oberfläche sichtbaren Teile sich verfärben und umknicken. In Mischkultur gepflanzt wirkt Knoblauch vorbeugend gegen Pilzkrankheiten.

Ernte

Geerntet wird der Knoblauch im Spätsommer, wenn die Blätter verwelkt sind. Man gräbt die Zwiebel aus und lässt sie ein paar Tage an der Luft trocknen. Mit Hilfe des trockenen Laubs werden die Zwiebeln gebündelt oder zu Zöpfen geflochten sowie trocken und kühl aufbewahrt.

Verwendung

Knoblauch hat zwar einen strengen Geruch, findet aber in vielen Speisen Verwendung und ist vor allem in der mediterranen Küche beinahe unentbehrlich. Darüber hinaus wird Knoblauch bei hohem Blutdruck empfohlen.

SCHNITTLAUCH

Allium schoenoprasum

Schnittlauch wächst als einziger Vertreter aus der Gruppe der Zwiebelgewächse wild in Europa, Australien und Nordamerika. Er gedeiht in gemäßigten und warmen, aber auch heißen Regionen. Schnittlauch ist eine horstbildende, mehrjährige Pflanze aus der Familie der Liliengewächse. Aus einer kirschgroßen, schlanken Zwiebel sprießen in Büscheln dünne, dunkelgrüne, hohle bis zu 30 cm hohe Röhrenblätter. An ihren Enden bilden sich ab Juli blassrote, zahlreich in kopfigen Dolden stehende Blüten, die einen milden Zwiebelgeschmack haben. Die Einzelblüten zeigen eine kugelartige Form.

Kultivierung

Im Garten bevorzugt Schnittlauch einen sonnigen bis halbschattigen Platz mit gut durchlässigem, kalkhaltigem, nährstoffreichem Boden. Die Vermehrung erfolgt im Frühjahr durch Aussaat der Samen oder durch Auspflanzen der winzigen Zwiebeln sowie im Herbst durch Teilung des Wurzelstocks. Die einzelnen Büschel werden in Reihen im Abstand von 20 cm gesetzt. Das Beet muss immer ausreichend gewässert werden. Der Schnittlauch ist eine gute Nachbarpflanze für Gemüsepflanzen und Obststräucher, da seine ätherischen Öle vorbeugend gegen Pilzerkrankungen und Insektenbefall wirken. Er eignet sich sowohl als Rabatten- und Einfassungspflanze als auch für die Topfkultur.

Ernte

Die Röhrenblätter können jederzeit während der Vegetationsperiode geschnitten werden. Im Kühlschrank lässt sich Schnittlauch eingewickelt in ein feuchtes Küchenkrepp eine Woche frisch halten. Er lässt sich auch einfrieren.

Verwendung

Schnittlauch ist als Gewürzpflanze unentbehrlich. Mit seinem milden Zwiebelgeschmack ist er eine köstliche Bereicherung für Quark, Salate, Eierspeisen, kalte Soßen oder auch einfach auf ein Butterbrot gestreut. Grundsätzlich sollte er erst unmittelbar vor dem Verbrauch klein geschnitten werden, da sich sein Aroma schnell verflüchtigt.

BÄRLAUCH

Allium ursinum

Der Bärlauch ist in ganz Europa verbreitet, man findet ihn auf feuchten Waldböden an halbschattigen Standorten. Die ausdauernde, krautige Pflanze aus der Familie der Liliengewächse erreicht eine Wuchshöhe von etwa 20–50 cm. Aus einer schlanken Zwiebel entspringen im zeitigen Frühjahr 2–3 lanzettliche, samtgrüne Blätter. Ihr durchdringender Knoblauchgeruch verhindert eine Verwechslung mit dem sehr ähnlichen, tödlich giftigen Maiglöckchen, das zur selben Zeit an den gleichen Plätzen wächst. Ende April treibt die Zwiebel einen bis zu 50 cm hohen, kahlen Blütenstängel aus, auf dem bis zu 20 weiße, gestielte, Sternblüten in einer flachen Scheindolde stehen, die ebenfalls nach Knoblauch riechen. Blütezeit ist April/Mai.

Kultivierung

Bärlauch ist eine Waldpflanze und gedeiht demzufolge am besten auf einem humosen, nährstoffreichen Boden im Halbschatten. Die Aussaat sollte im Herbst erfolgen und der Samen mit etwas Erde bedeckt werden. Die Pflanze neigt dazu, ganze Teppiche zu bilden. Ihre schwarzen Samen werden von Ameisen verschleppt, die auf diese Weise für eine rasche Ausbreitung sorgen. Bärlauch ist ein Kaltkeimer, die Samen keimen erst im nächsten Frühjahr, obwohl er schon Ende Juni reif ist. Schneller lässt er sich ansiedeln, wenn man ein paar Zwiebeln steckt. Kräftige Pflanzen können im Spätsommer nach der Blüte geteilt werden.

Ernte

Geerntet werden die frischen Blätter im Sommer vor der Blüte. Sie eigen sich nicht zum Trocknen oder Einfrieren, da dabei ihre Inhaltsstoffe völlig verloren gehen.

Verwendung

Der Bärlauch ist eine altbekannte Gemüse-, Gewürz- und Heilpflanze. Sie ist zwar komplett essbar, genutzt werden aber vorwiegend die frischen Blätter. Man mischt sie klein geschnitten unter Salate, Dips, Kräuterbutter und Pesto oder auch als Gemüse in der Frühjahrsküche. Die frischen Blätter enthalten viel Vitamin C, Eisen sowie ätherische Öle und wirken blutreinigend und entgiftend.

DILL

Anethum graveolens

Dill ist eine einjährige Kulturpflanze aus der Familie der Doldenblütler, die in den Mittelmeerländern und in Nordafrika fast überall verwildert vorkommt. Aus einer dünnen Wurzel wächst ein ca. 1 m hoher, schlanker, hohler, hellgrüner Stängel mit weißlichen Längsstreifen. Er ist locker und in weiten Abständen mit langen, sehr feinen, 3-fach geteilten, gestielten Blättern besetzt, die aromatisch duften. An seiner Spitze bildet sich im Juli/August eine gold-grün blühende, vierstrahlige Dolde aus. Die Einzelblüte ist sehr klein, ihr Duft zieht blattlausverzehrende Insekten an.

Kultivierung

Im Garten bevorzugt das Kraut einen sonnigen, warmen Platz mit lockerem, humusreichem Boden. Die Aussaat erfolgt im April direkt ins Freiland in 1 cm tiefen Rillen im Reihenabstand von 20 cm. Folgesaaten sind bis Juni möglich, dann ist man den ganzen Sommer über mit frischem Dill versorgt. Der Samen ist 3 Jahre lang haltbar. Zu dichte Reihen müssen ausgelichtet werden, damit die Pflanzen besser wachsen können. In heißen Sommern muss regelmäßig gegossen werden. Die Pflanze braucht nicht mit Dünger versorgt zu werden, da dieser sie für Schädlinge und Krankheiten anfällig macht. Dill ist nahe mit dem Fenchel verwandt und sollte nicht neben diesen gepflanzt werden, da sich die beiden Pflanzen gegenseitig befruchten und ihr individuelles Aroma verlieren.

Ernte

Junge Blätter können den ganzen Sommer zum frischen Gebrauch geerntet werden. Zum Trocknen eigenen sie sich weniger, können aber eingefroren werden. Sobald die Samen reifen, schneidet man die Blütenköpfe ab. Die Samen lassen sich zum Einlegen von Gurken verwenden.

Verwendung

Frischer Dill passt gut zu Fisch, Salaten, Kartoffelgerichten und weißen Soßen. Dilltee ist ein bekanntes Heilmittel gegen Blähungen. Bei einer salzlosen Diät kann das Salz durch Dillsamen ersetzt werden.

ENGELWURZ

Angelica archangelica

Die Engelwurz ist in Europa, Asien und Nordamerika beheimatet. Wild wächst sie auf feuchten Wiesen, an Flussufern und in Mittelgebirgen. Die zweijährige oder auch vierjährige Pflanze aus der Familie der Doldenblütler wird 1–2,5 m hoch. Die aufrechtstehenden, an der Basis stielrunden, hohlen Stängel sind schwach gerillt und oben verzweigt. Die unteren Blätter sind größer und zwei- bis dreifach gefiedert, die oberen kleiner und nur einfach gefiedert. Im Juli/August erscheinen große, grünliche bis gelblich-weiße Blütendolden.

Kultivierung

Die stattliche Pflanze benötigt viel Platz an einem halbschattigen Standort mit nährstoffreichem, eher feuchtem Boden. Die Vermehrung erfolgt durch Aussaat im Frühherbst. Der Samen braucht Frost zum Keimen und wird nur dünn mit Erde bedeckt. Im nächsten Frühjahr werden die Setzlinge im Abstand von 1 m verpflanzt. Um die Lebensdauer der mächtigen Pflanze zu verlängern, entfernt man die Blütenstiele und lässt nur einen Blütenstand ausreifen. Da die Pflanze nicht sehr langlebig ist, sät man alle 3 Jahre neu aus oder holt sich Jungpflanzen aus der Gärtnerei. Wegen ihrer imposanten Erscheinung ist die Engelwurz auch als Solitärpflanze geeignet.

Ernte

Ab dem Frühjahr kann man die frischen Blätter, etwas später die Stängel zum Sofortverbrauch in der Küche schneiden. Samen und Wurzeln für Heilzwecke werden im Herbst gesammelt, getrocknet und in luftdichten Behältern aufbewahrt.

Verwendung

Die fleischigen, hohlen Stängel ergeben kandiert eine köstliche Leckerei, mit der Süßspeisen ein wunderbares Aroma erhalten. Die jungen Blätter verfeinern Salate, Suppen und Soßen.

Anthriscus cerefolium

Der Gartenkerbel ist eine einjährige, äußerst schnellwüchsige Pflanze, die ursprünglich aus Südosteuropa und Südwestasien stammt und heute über ganz Europa, Nordafrika, Amerika und Ostasien verbreitet ist. Das Kraut aus der Familie der Doldenblütler hat einen bis zu 60 cm hohen, hohlen, gefurchten und an den Gelenken leicht behaarten Stängel, an dem zarte, hellgrüne, dreifach gefiederte, tief gekerbte Blätter sitzen, die süßlich duften. Von Mai bis August sprießen aus den Blattachseln zarte, weiße Doldenblüten. Von der Pflanze gibt es kraus- und glattblättrige Zuchtformen. Beim flüchtigen Hinsehen kann man sie leicht mit der Petersilie verwechseln, von der sie sich aber durch die Blattform und -farbe unterscheidet.

 Kultivierung

Das wenig kälteempfindliche Würzkraut bevorzugt einen sonnigen bis halbschattigen Platz mit einem lehmigen, gut durchlässigen Boden und braucht reichlich Wasser. Ausgesät wird vom Frühjahr bis zum Spätsommer alle zwei Wochen, damit laufend frisch geerntet werden kann. Die Jungpflanzen werden auf 15 cm Abstand verzogen und können etwa 6–8 Wochen nach der Aussaat geschnitten werden. Entfernt man regelmäßig die Blütentriebe, wachsen ständig frische Blätter nach. Letztmalig kann im September ausgesät werden, sodass man im darauffolgenden Frühjahr sehr früh ernten kann.

 Ernte

Die jungen Blätter haben die höchste Würzkraft kurz vor der Blüte. Man kann sie laufend zum frischen Verbrauch pflücken. Zum Trocknen und Einfrieren eignet sich das Kraut nicht. Wenn die Pflanzen im Winter geschützt werden, kann man das ganze Jahr ernten.

Verwendung

Kerbelsuppe ist eine Spezialität, die man traditionell am Gründonnerstag isst. Man gibt das Kraut erst gegen Ende der Kochzeit in die Suppe, damit es sein Aroma nicht verliert. Es passt auch gut zu Rohkostsalaten, Quark und kalten Soßen. Ein Tee aus den frischen Blättern regt die Verdauung an.

SCHNITTSELLERIE

Apium graveolens var. secalinum

Die ursprüngliche Form der heutigen Gartenzüchtungen ist der Sumpf- oder Wildsellerie, der seit jeher auf salzhaltigen Böden in Süd- und Nordeuropa wächst. Die zweijährige, winterharte, 20–30 cm hohe Pflanze aus der Familie der Doldenblütler hat leuchtendgrün glänzende Blätter, die verschiedenartig gelappt oder gefiedert sind und stark aromatisch schmecken. Gegen Ende des zweiten Sommers erscheinen weiße Blüten. Die blühenden Pflanzen eignen sich nicht zum Wurzen, deshalb wird der Schnittsellerie nur einjährig gezogen.

Kultivierung

Der Schnittsellerie bevorzugt einen sonnigen bis halbschattigen Platz mit einem lockeren, humosen Boden. Die Aussaat erfolgt im Mai direkt an Ort und Stelle. Im Frühbeet kann die Aussaat bereits im März beginnen. Als Lichtkeimer darf man die Samen nur dünn mit Erde bedecken. Es muss regelmäßig gegossen werden. Da Sellerie ein starker Zehrer ist, sind Düngergaben empfehlenswert. Einige Wochen vor der Pflanzung wird reichlich Kompost in den Boden eingearbeitet. Nach dem Anwachsen der jungen Selleriepflanzen sowie Ende Juni und Ende Juli gibt man mineralischen Dünger als Kopfdüngung. Schnittsellerie eignet sich hervorragend für die Mischkultur mit Salaten, da er durch seinen kräftigen Geruch viele Schädlinge fernhält.

Ernte

Die Blätter für den Sofortverbrauch können laufend geerntet werden, aber immer nur so viel, dass die Pflanze nachwachsen kann. Zur Aufbewahrung friert man die Blätter am besten ein, bei der Trocknung verlieren sie an Aroma.

Verwendung

Schnittsellerie passt gut zu Fisch und Geflügel und dient vor allem als Würze für Soßen. Er eignet sich auch gut als Beigabe für alle Suppen, Eintopfgerichte und Pickles.

MEERRETTICH

Armoracia rusticana

Der Meerrettich ist in Südosteuropa beheimatet und heute in ganz Europa und Nordamerika verbreitet. Ursprünglich wurde er als Heilpflanze angebaut, heute schätzt man ihn vor allem als Gewürz. Die ausdauernde Pflanze aus der Familie der Kreuzblütler wächst 50–120 cm hoch. Die Blätter werden bis zu 100 cm lang. Ab dem zweiten Jahr erscheinen lockere, weiße Blütentrauben, die an bis zu 120 cm hohen Stielen sitzen. Die senkrechte, walzenförmige, bis zu 40 cm lange Pfahlwurzel wird bis zu 40 cm lang und hat einen Durchmesser von 4–6 cm. Zum Stängel hin ist die außen gelb-braune und innen weiße Wurzel vielköpfig und am Wurzelende ästig mit vielen Seitenwurzeln.

Kultivierung

Die stark wuchernde Meerrettichstaude benötigt im Kräutergarten einen separaten Platz, da sie bald alle benachbarten Pflanzen unterdrücken würde. Bevorzugt wird ein Standort im Halbschatten oder Schatten mit tiefgründigem, nährstoffreichem, gleichmäßig feuchtem Boden. Deshalb sollte der vorgesehene Platz bereits im Herbst umgegraben und mit Kompost versorgt werden. Im März kann man die Seitenwurzeln (Fechser) im Abstand 40 x 80 cm pflanzen. Sie werden schräg in die Erde gesteckt und dünn abgedeckt. Im Juni/Juli gräbt man vorsichtig so viele Wurzelstücke aus, wie gerade für den Sofortverbrauch benötigt werden.

Ernte

Wenn die Wurzeln ausgewachsen sind, kann man sie frisch verwenden oder im Oktober ausgraben und im Winter in Sand an einem dunklen Ort lagern. Die jungen Blätter lassen sich frisch oder getrocknet verwenden.

Verwendung

Geputzt und fein gerieben wird Meerrettich zu verschiedenen Fisch- und Fleischspeisen (zum Beispiel Tafelspitz) gereicht. Seine Schärfe lässt sich durch Zugabe von geschlagener Sahne mildern. Frisch gerieben und mit Honig vermischt gilt er als bewährtes Mittel bei Husten.

EBERRAUTE

Artemisia abrotanum

Die Eberraute stammt aus Vorderasien, wurde in vielen Ländern eingeführt und gedeiht heute in den meisten gemäßigten Zonen. Sie wurde häufig in den mittelalterlichen Kloster- und Bauerngärten angebaut und ist heute als Kulturpflanze nahezu unbekannt. Der mehrjährige, winterharte Halbstrauch aus der Familie der Korbblütler erreicht eine Höhe von 150 cm. Die Stängel sind jung grün und gefurcht und werden später glatt, holzig sowie gelbbraun. Die Blätter sind fein gefiedert, graugrün, bis zu 5 cm lang und duften intensiv nach Zitrone. Die rispenartigen Blütenstände sehen aus wie gelbe, kugelige Köpfchen. Blütezeit ist von Juli bis Oktober.

Kultivierung

Die Eberraute braucht einen geschützten, sonnigen Platz mit durchlässigem, humosem, leicht kalkhaltigem, eher trockenem Boden. Die Pflanze lässt sich am einfachsten durch Hartholzstecklinge vermehren. Als Substrat empfiehlt sich ein Rinden-Torf-Sand-Gemisch. Ableger mit Wurzeln lassen sich überwintern, wenn sie ihre Blätter abwerfen und ruhen. Man hält die Ableger trocken und gießt im zeitigen Frühjahr gelegentlich. Nach dem letzten Frost werden die Pflanzen im Abstand von 60 cm gesetzt. Um den Strauch in Form zu halten, wird im Frühjahr kräftig zurückgeschnitten. Die Eberraute sollte nicht zusammen mit Heilpflanzen in ein Beet gesetzt werden, da Regen wachstumshemmende Substanzen aus ihren Blättern waschen kann. Sie eignet sich als aparte Heckenpflanze im formalen Kräutergarten.

Ernte

Den ganzen Sommer über können Blätter, junge Triebspitzen und ganze Zweige geerntet und frisch sowie getrocknet verwendet werden.

Verwendung

Sparsam eingesetzt eignen sich die Blätter zum Würzen von Salaten, kräftigen Soßen und gebratenem Fleisch. Als Heilpflanze wird die Eberraute bei Husten eingesetzt.

WERMUT

Artemisia absinthium

Der Wermut ist in Nordafrika, Asien, sowie Mittel- und Südeuropa beheimatet. Er ist an Wegen, steinigen Ufern in warmen Regionen und auf warmen, felsigen Hängen zu finden. Der bis zu 100 cm hohe, verholzende, ausdauernde Halbstrauch aus der Familie der Korbblütler ist mit einem kräftigen Wurzelstock im Boden verankert. Die grün-weißen Stängel sind mit seidig behaarten, stark gefiederten, oberseits graugrünen, unterseits silbrig schimmernden Blättern besetzt. Von Juli bis September trägt der Wermut kleine, kugelige, gelbe Blüten, die in aufrechten Rispen stehen. Blütezeit ist von Juli bis September.

Kultivierung

Im Garten gedeiht der Wermut an einem sonnigen Standort auf kalkhaltigem, durchlässigem Boden, Nässe verträgt er nicht. Die Pflanze lässt sich aus Samen selbst anziehen, man kauft jedoch besser eine Jungpflanze beim Gärtner und setzt sie an eine Stelle, an der sie sich ausbreiten kann. Der Stock lässt sich alle 2–3 Jahre teilen, so bleibt die Pflanze gesund und stirbt nicht innen ab. Wermut sollte nicht neben Fenchel, Zitronenmelisse oder Salbei gepflanzt werden, da er ihr Wachstum hemmt. Dagegen wirkt er in der Nähe von Schwarzen Johannisbeeren vorbeugend gegen Säulenrost, außerdem vertreibt er Erdflöhe und Kohlfliegen. Im Herbst muss die Pflanze kräftig zurückgeschnitten werden.

Ernte

Die Blätter können während der gesamten Vegetationszeit gepflückt werden. Zur Blütezeit sollte man vornehmlich die oberen zarteren Teile des Krauts ernten. Man schneidet die Triebe ab, bündelt sie und hängt sie an einem luftigen Ort zum Trocknen auf.

Verwendung

Das bitteraromatische Kraut passt, sparsam verwendet, zu Eintöpfen und Wild. Aus den getrockneten Triebspitzen wird ein appetitanregender Tee zubereitet. Wermut lässt sich auch als Mottenschutz einsetzen, der einen erfrischenden Geruch verströmt, der nicht wie bei Mottenkugeln an den Kleidern haftet.

ESTRAGON

Artemisia dracunculus

Estragon ist in den südöstlichen Teilen Russlands und Zentralasiens beheimatet und wurde in Europa, Amerika und Südasien kultiviert. Der Gärtner unterscheidet den Russischen Estragon *(A. dracunculus)* und den Französischen Estragon *(A. dracunculus var. sativus)*. Die mehrjährige, ausdauernde, buschige Pflanze aus der Familie der Korbblütler hat eine aufrechte, sich verästelnde Sprossachse, die bis zu 100 cm hoch wächst. An ihr sitzen grüne, schmale, längliche und weiche Blätter. Reibt man diese, verströmen sie einen aromatischen, anisartigen und unverwechselbaren Duft. Die unscheinbaren, gelben Blüten stehen in Körbchen und zeigen sich von August bis Oktober.

Kultivierung

Estragon braucht einen geschützten, sonnigen bis halbschattigen Platz mit einem humusreichen, durchlässigen Boden. Er wächst gut in Gemeinschaft mit Beifuß, Wermut und Rosmarin. Der Russische Estragon wird im April ins Freiland in einen mit Kompost angereicherten Boden ausgesät, leicht mit Erde abgedeckt und später auf 50 x 50 cm vereinzelt. Der Französische Estragon vermehrt sich ausschließlich durch Wurzelteilung oder Stecklinge und sollte erst im Mai gepflanzt werden. Beim ihm ist im Winter eine Abdeckung mit Reisig nötig. Beide Arten müssen bei Trockenheit gewässert sowie hin und wieder mit organischem Dünger versorgt werden.

Ernte

Geerntet werden die frischen Triebspitzen. Beim Russischen Estragon sind die Blätter kurz vor der Blüte am aromatischsten, der Französische Estragon behält sein feines Aroma den ganzen Sommer über. Was nicht sofort verbraucht wird, kann schonend getrocknet werden.

Verwendung

Estragon ist vor allem in der französischen Küche eine beliebte Würze und wichtiger Bestandteil der »Sauce béarnaise«. Er passt frisch oder getrocknet zu Hühnchen, Fisch oder Rind, eingelegt in Öl oder Essig ergibt er eine herb-aromatische Salatwürze.

BEIFUSS

Artemisia vulgaris

Beifuß kommt auf der gesamten nördlichen Halbkugel vor. Er ist häufig an Bahndämmen, auf Schutthalden, an Bachufern und Waldrändern zu finden. Die schnellwüchsige, ausdauernde Pflanze aus der Familie der Korbblütler treibt kräftige Ausläufer und kann bis 150 cm hoch werden. An den kahlen Stängeln sitzen verschiedenartig gefiederte, oberseits dunkelgrüne, unterseits weiß- bis graufilzig behaarte Blätter. Die unscheinbaren, weißen, gelblichen oder rötlichen Blüten sind in gelblich-braune Körbchen eingebettet und stehen in weit ausladenden Rispen am Ende der Stängel. Blütezeit ist von Juli bis September.

Kultivierung

Im Garten gedeiht der Beifuß auf einem, trockenen, durchlässigen und kalkarmen Boden an einem warmen, sonnigen Platz, bevorzugt wächst er an verwilderten Gartenecken. Am besten kauft man Jungpflanzen, die man im Frühling oder Herbst durch Teilung des Wurzelstocks vermehrt. Der Stock kann alle 2-3 Jahre geteilt werden, so bleiben die Pflanzen gesund und sterben nicht innen ab. Beifuß ist sehr anspruchslos und kommt auch mit ungünstigen Bedingungen zurecht. Er braucht nicht gewässert und nicht gedüngt werden. Bei Aussaat im Mai muss der Samen dünn mit Erde bedeckt werden (Lichtkeimer).

Ernte

Die Blätter werden während der gesamten Vegetationsperiode gepflückt. Noch vor der Blütezeit schneidet man die jungen, oberen Triebspitzen. Sie werden frisch verwendet oder zu Bündeln zusammengefasst und an der Luft zum Trocknen aufgehängt.

Verwendung

Beifuß wird in der mehr und mehr beliebt, mit den aromatischen jungen Trieben würzt man vornehmlich fette Fleischspeisen, zum Beispiel Gänsebraten, da sie dadurch bekömmlicher werden. Seit jeher gilt Beifuß als »Frauenkraut«. Beifuß-Tee verspricht Linderung bei Unterleibsbeschwerden, Blasenentzündung und Krämpfen.

GÄNSEBLÜMCHEN

Bellis perennis

Das Gänseblümchen ist in ganz Mitteleuropa und Westasien verbreitet und im Gebirge ebenso zu Hause wie im Tiefland. Es wächst auf jeder Rasenfläche, vor allem auf Zierrasen. Die ausdauernde Pflanze aus der Familie der Korbblütler ist mit Astern und Margeriten verwandt. Aus der mehrjährigen Blattrosette mit spatelförmigen, klein bleibenden Blättern entspringt ein blattloser, bis 15 cm hoher Stängel mit einer einzelnen Blüte. Sie besteht aus den weißen, oft an den Spitzen kräftig rosa überlaufenen Zungenblüten und der goldgelben Mitte aus vielen kleinen Röhrenblüten. Blütezeit ist fast das ganze Jahr bis Ende November, es kann an warmen Wintertagen schon Ende Januar wieder erscheinen und gibt nur in Dauerfrostperioden vorübergehend auf. Die Hauptblütezeit ist jedoch April/Mai.

Kultivierung

Das Gänseblümchen braucht einen sonnigen bis halbschattigen Standort und einen feuchten, möglichst nahrhaften Boden. Außer im Winter kann man es zu jeder Zeit in flache Rillen säen. Das Saatbeet muss feucht gehalten werden, die Sämlinge dünnt man später im Abstand von 10 cm aus. Gänseblümchen eignen sich gut zur Einfassung von Beeten und Wildblumenrabatten. Sie säen sich von selbst aus und müssen etwas in Schach gehalten werden. Es gibt gefüllte Kultursorten, die vor allem als Frühjahrsblüher in Balkonkästen gepflanzt und im Sommer ausgesät werden.

Ernte

Gänseblümchen kann man das ganze Jahr über ernten. Im Frühling pflückt man die zarten Blättchen und Blüten, die einen leicht säuerlichen, herben Geschmack haben, zum frischen Verbrauch, später die ganze Pflanze zum Trocknen für Tees, denen eine heilende Wirkung zugeschrieben wird.

Verwendung

Die klein geschnittenen Blätter und Blüten können frisch Salaten oder Quark beigemischt werden. Die Blütenknospen eignen sich als Kapernersatz, wenn man sie in Estragonessig einlegt.

BORRETSCH

Borago officinalis

Borretsch ist eine ursprünglich im Mittelmeergebiet beheimatete Pflanze und kommt dort vor allem auf Brachflächen vor. Sie wird heute in fast ganz Europa und Nordamerika kultiviert. Als Gartenflüchtling ist sie an einigen Orten verwildert. Die unteren Blätter der einjährigen Pflanze aus der Familie der Raublattgewächse sind spatenförmig oval gestielt, die oberen sitzen fast herzförmig um den behaarten, bis 70 cm hohen Stängel. Die Blätter sind rau, die Blattnerven treten auf der Unterseite deutlich hervor, die Ränder sind weich gezähnt. Die Blütenquirle entspringen im oberen Drittel des Stängels an den Blattachseln. Sie tragen leuchtend blaue Blütensterne mit schwarzblauen Staubgefäßen. Blütezeit ist von Mai bis zum ersten Frost.

Kultivierung

Borretsch gedeiht an sonnigen und halbschattigen Standorten auf durchlässigem Boden mit guter Wasserversorgung. Die Pflanze kann im späten Frühjahr direkt an Ort und Stelle ausgesät werden. Die Samen müssen gut mit Erde bedeckt sein, da Borretsch ein Dunkelkeimer ist. Der Reihenabstand für das große und kräftige Küchenkraut sollte 40–50 cm betragen. Die Pflanze ist ein wertvoller Helfer im Biogarten. Weil sie mit kaum einer der sonstigen (Gemüse)-Gartenpflanzen verwandt ist, eignet sie sich hervorragend zur Gründüngung.

Ernte

Im Sommer werden die jungen Blätter zum frischen Verzehr geerntet, die Blüten zur frischen Verwendung gepflückt, sobald sie sich geöffnet haben. Junge Blätter lassen sich gut einfrieren, getrocknete Blüten können in luftdicht verschlossenen Gläsern aufbewahrt werden.

Verwendung

Borretsch wird insbesondere als Würze in Gurkensalat geschätzt. Aber er passt auch hervorragend zu Frischkäse und Salat. Mit den ebenfalls essbaren Blüten lassen sich Salate aber auch Bowlen und Limonaden dekorieren.

RINGELBLUME

Calendula officinalis

Die Ringelblume ist im Mittelmeerraum und Asien beheimatet und wächst wild auf Schutthalden. Als Gartenblume wurde sie weltweit kultiviert. Die einjährige, bis 60 cm hohe, buschige Pflanze aus der Familie der Korbblütler hat einen aufrechten, filzig behaarten Stängel mit fein behaarten, wechselständigen, ungeteilten Blättern. Am Ende der Triebe stehen einzeln cremegelbe bis tief orangefarbene Blütenkörbchen. Die zungenförmigen Strahlenblüten stehen in zwei oder drei Reihen rundherum und wolben sich bei Nacht oder Regen schützend über das Körbchen. Wenn man die Ringelblume pflückt, tritt aus den Stängelenden ein klebriger Saft, der einen herben, würzigen Duft verbreitet. Blütezeit ist von Juni bis Oktober.

Kultivierung

Im Kräutergarten braucht die Ringelblume einen sonnigen Platz mit mittelschwerem, nicht zu sandigem oder zu feuchtem Boden. Von April bis Juni wird direkt ins Freiland an Ort und Stelle ausgesät. Der Abstand sollte 20-30 cm sein, sonst werden die Pflanzen von Mehltau befallen. Sie säen sich auch von selbst aus, die Blüten verlieren aber im Laufe der Zeit an Fülle, Farbe und Größe. Um eine dauerhafte Blüte anzuregen, sollte die Pflanze regelmäßig ausgeputzt werden. Die Ringelblume ist ein guter Gründünger und eignet sie sich auch sehr gut zur Schneckenabwehr.

Ernte

Zum frischen Gebrauch werden die jungen Blätter geerntet. Die geöffneten Blüten pflückt man bei sonnigem Wetter zum frischen Gebrauch oder trocknet sie rasch, jedoch ohne Anwendung von künstlicher Wärme an einem luftigen Ort.

Verwendung

Mit den fein gehackten Blütenblättern und dem jungen, frischen Laub werden Salate gewürzt. In der Naturkosmetik enthalten viele Präparate Ringelblume. Ringelblumentee und -kompressen sind altbewährte Heilmittel.

PAPRIKA

Capsicum annuum

Die Heimat der Paprika ist Mittel- und Südamerika. Die Gattung *Capsicum* gehört zur Familie der Nachtschattengewächse. Es wird sowohl die Pflanze als auch die Frucht als Paprika bezeichnet. Vor allem für die Frucht gibt es noch weitere Namen (Chili, Peperoni), welche die Unterschiede in Schärfe, Größe und auch Farbe kennzeichnen. Die am weitesten verbreitete Art, zu der auch fast alle in Europa erhältlichen Paprika, Peperoni und Chilis gehören, ist *C. annuum*. Die Pflanze mit den schmalen, spitz zulaufenden, roten oder gelben Fruchtschoten und den glänzend grünen Blättern wird etwa 60 cm hoch und öffnet von Juli bis September meist weiße Blüten an kurzen Stielen.

Kultivierung

Da die Paprika aus tropischen Gebieten stammt und daher sehr wärmebedürftig ist, empfiehlt sich eine warme Vorkultur ab März am Zimmerfenster oder im Anzuchtbeet. Erst nach den Eisheiligen kann dann an einen windgeschützten und sonnigen Platz im Abstand von 40 cm ausgepflanzt werden. Anfänglich ist eine Übertunnelung aus Folie anzuraten, falls noch mit kühlen Nächten zu rechnen ist. Paprika benötigt reichlich Nährstoffe und Feuchtigkeit, wenn die Früchte ausreifen sollen. Man gibt entweder Kompost oder einen anderen organischen Dünger und sorgt durch gelegentliches Hacken für Bodenlockerung.

Ernte

Die Früchte reifen im August und September heran. Man verwendet sie entweder frisch oder reiht sie zum Trocknen an Schnüren auf und pulverisiert sie dann im Mörser.

Verwendung

Aufgrund der Schärfe sollte man Paprika (Chili) frisch nur sehr sparsam in Soßen, Suppen oder zu Fleischgerichten verwenden.

KÜMMEL

Carum carvi

Der Kümmel ist eine der ältesten Würzpflanzen und kommt in ganz Europa, Nordafrika und Asien vor. Man findet ihn nicht nur wild wachsend, sondern auch in großen Feld- und Gartenkulturen zum Beispiel in Holland, Skandinavien, Spanien und Italien. Die zweijährige, winterharte Pflanze aus der Familie der Doldenblütler wächst bis zu 100 cm hoch. Aus einer möhrenartigen, spindelförmigen Pfahlwurzel steigt ein hohler, kantiger, am Grunde ästiger Stängel mit wenigen gefiederten Blättern auf. An seinem Ende stehen kleinste, weiße bis rosafarbene Blüten in einer Dolde, die von Mai bis Juni, manchmal auch ein weiteres Mal im Herbst blühen. Die Blüten ziehen schädlingsvertilgende Schlupfwespen an.

Kultivierung

Kümmel bevorzugt einen sonnigen bis leicht schattigen Platz mit einem nährstoffreichen, feuchten Boden. Das Saatbeet sollte mit Kompost gedüngt und frei von Unkraut sein. Sobald sich im März/April der Boden erwärmt hat, sät man in Reihen mit 10 cm Abstand aus, deckt dünn mit Erde ab und vereinzelt die Sämlinge nach dem Aufgehen auf 20 cm.

Ernte

Blätter und Blüten können im ersten Jahr laufend für den frischen Verbrauch als Salatwürze geerntet werden, die Samen erst im zweiten Jahr. Dazu umhüllt man die Dolden mit einem luftdurchlässigen Papier und bindet es unten zu. Mit diesem Auffangbehälter vermeidet man Verluste. Bevor sie in Schraubgläsern aufbewahrt werden, müssen die Samen völlig trocken sein, da sie sonst schimmeln.

Verwendung

Kümmel findet wird in der Küche vielseitig eingesetzt. Man nimmt ihn zu Quark, Käse, Kartoffel- und Kohlgerichten sowie zu Sauerkraut. Schwere Fleischgerichte macht er bekömmlicher, das gilt auch für Kümmelschnaps.

RÖMISCHE KAMILLE

Chamaemelum nobile

Die Römische Kamille kommt in Westeuropa vor, nördlich bis Nord-Irland. In Südeuropa und im mittleren Südeuropa ist sie teilweise eingebürgert, ebenso in Nordwest-Afrika. Man findet sie auf Weideland und anderen grasigen Plätzen auf sandigem Boden. Die mehrjährige, winterharte, krautige Pflanze aus der Familie der Korbblütler riecht intensiv aromatisch und erreicht Wuchshöhen von 15–30 cm. Ihre Blätter sind sitzend, haben einen länglichen Umriss und sind zwei- bis dreifach fiederschnittig. Die weißen Blüten haben ein gelbes Inneres. Die Blütenköpfchen stehen einzeln endständig und sind lang gestielt. Ihr Durchmesser beträgt 18–25 mm. Die Hülle der Körbchen ist 4 bis 6 mm lang und halbkugelig. Blütezeit ist Juni bis Oktober.

Kultivierung

Das immergrüne Heilkraut bevorzugt einen sonnigen Standort mit gut durchlässigem, lockerem Boden. Die Vermehrung erfolgt im Frühjahr durch Aussaat, immer Sommer durch Stecklinge und im Herbst durch Teilung des Wurzelstocks. Ausgesät wird von April bis Juni in Reihen mit Abstand von 20 cm. Die Jungpflanzen werden im Abstand von 15-30 cm gesetzt, später muss ausgelichtet werden. Die römische Kamille eignet sich gut als Beet- oder Wegeinfassung.

Ernte

Die Blätter werden für den frischen Gebrauch oder zum Trocknen im Frühling oder Frühsommer geerntet. Die Blüten pflückt man bei sonnigem, warmem Wetter, wenn sie vollkommen geöffnet sind. Anschließend trocknet man sie auf einer Papierunterlage und bewahrt sie verschließbaren Gläsern auf.

Verwendung

Die Blüten der Römischen und der Echten Kamille lassen sich frisch oder getrocknet zum Aufbrühen von Kamillentee verwendet. Die Blätter eignen sich ebenfalls zum Trocknen und als Bestandteil von Potpourris.

LÖFFELKRAUT

Cochlearia officinalis

Das Löffelkraut kommt im salzhaltigen Marschland, insbesondere in den höheren Zonen der Salzwiesen am Meer vor. Die Verbreitung erstreckt sich von den Küsten der Arktis bis in die gemäßigten Zonen der nördlichen Halbkugel. Die zweijährige bis ausdauernde, winterharte, krautige Pflanze aus der Familie der Kreuzblütler erreicht Wuchshöhen von 20–50 cm. Die oberirdischen Pflanzenteile sind kahl. Die Laubblätter stehen in einer grundständigen Rosette zusammen und sind am Stängel verteilt. Die weißen bis schwach lila, duftenden Blüten stehen an traubigen Blütenständen. Blütezeit ist von Ende März bis Juni.

Kultivierung

Das Löffelkraut gedeiht an einem sonnigen bis halbschattigen Platz auf einem frisch-feuchten, leicht lehmigen Boden und benötigt regelmäßige Wässerung. Die Aussaat sollte entweder im Spätherbst oder Frühjahr erfolgen. Die Saat wird nur flach im Abstand von 10–20 cm in den Boden eingebracht, da das Löffelkraut ein Lichtkeimer ist. Die Samen keimen nach etwa 3–4 Wochen.

Ernte

Man schneidet nur die jungen, löffelartigen Rosettenblätter. Da das Löffelkraut frosthart ist, kann auch im Winter frisch geerntet werden. Die Blätter eignen sich nicht zum Trocknen, lassen sich aber gut in Salz einlegen.

Verwendung

Löffelkraut schmeckt leicht salzig bis bitter und passt zu allen Blattsalaten, Kräuterquark, Kräuterbutter, gelben Rüben und Kartoffeln.

KORIANDER

Coriandrum sativum

Koriander stammt ursprünglich aus dem östlichen Mittelmeerraum und dem Kaukasus und ist heute als Küchenkraut auf der ganzen Welt verbreitet. Die einjährige Pflanze aus der Familie der Doldengewächse wächst bis zu 60 cm hoch. Aus der gebogenen, karottenähnlichen, sehr dünnen Wurzel steigt ein stielrunder, robuster Stängel auf. Die unteren Blätter sind lang gestielt, dreilappig und fiederschnittig, die übrigen Blätter doppelt und dreifach fiederschnittig und laufen spitz aus. Meist sind nur die randständigen, großen Blüten fruchtbar. Der Blütenstand ist verzweigt und endet in mehreren Doppeldolden. Die weißen oder rosafarbenen Einzelblüten erscheinen von Juni bis August.

Kultivierung

Koriander fühlt sich am wohlsten an einem sonnigen bis halbschattigen, geschützten Standort mit leichtem, gut durchlässigem Boden. Ende März, Anfang April werden die Samen dünn in flache Saatrillen im Abstand von 25 cm ausgesät, dünn mit Erde bedeckt und angegossen. In der Regel beginnen sie innerhalb von 2–3 Wochen zu keinem. Sobald die Sämlinge groß genug sind, werden sie ausgedünnt. In sehr milden Regionen kann man im Herbst für eine Winterernte säen.

Ernte

Die jungen grünen Korianderblätter erntet man idealerweise kurz vor der Blüte im Juni an einem späten Vormittag, wenn der Tau abgetrocknet ist. Man pflückt einzelne Blätter oder schneidet ganze Triebe ab. Die Koriandersamen erntet man kurz vor der Vollreife im August oder September. Dazu schneidet man die Fruchtstände möglichst taufrisch am frühen Morgen ab und lässt die Samen an einem trockenen, warmen und luftigen Ort nachreifen.

Verwendung

Koriander ist in vielen Gewürzmischungen, traditionell in Lebkuchen und anderem Weihnachtsgebäck, aber auch in speziellen Brotsorten enthalten. Er regt er auf gesunde Weide den Appetit an und wirkt verdauungsfördernd.

FENCHEL

Foeniculum vulgare

Der Fenchel wächst wild im Mittelmeergebiet und in Kleinasien. Die ein- bis zweijährige Pflanze aus der Familie der Doldengewächse ist mit einem dicken, verholzenden Wurzelstock im Boden verankert und wird bis 2 m hoch. An den glänzenden, gestreiften, sich im oberen Teil verzweigenden Stängeln sitzen mehrfach fiederschnittige Blätter und große Blütendolden mit vielen gelben Einzelblüten, die gerippte Samen bilden. Blütezeit ist Juli bis September.

Kultivierung

Im Garten benötigt der Fenchel einen geschützten, warmen, sonnigen Platz mit humosem, kalkhaltigem und durchlässigem Boden. Ausgesät wird von April bis Ende Mai in ein Anzuchtbeet im Freiland. Die einzelnen Saatreihen werden in etwa 30 cm Abstand angelegt. Die Samen kommen nur 1 cm tief in die Erde. Im Herbst wird das Kraut 10 cm über dem Boden abgeschnitten und das Beet mit Reisig abgedeckt. Erst im nächsten Frühjahr setzt man die Jungpflanzen mit genügend Abstand an den endgültigen Standort. Sie vermehren sich nach einiger Zeit durch Selbstaussaat. Kompost oder organischer Dünger fördert ihr Wachstum. Fenchel sollte nicht zusammen mit Dill gepflanzt werden, da sich beide gegenseitig bestäuben, was zur Bildung von Hybriden führt.

Ernte

Die jungen, grünen Blätter kann man nach Bedarf ernten. In den Monaten September/Oktober werden die Dolden erntereif. Die braunen Samen klopft man am besten über einem Backblech aus und bewahrt sie dann trocken in Schraubgläsern auf.

Verwendung

Frische Blätter eignen sich gut zum Würzen von Salaten, Soßen und Fischgerichten. Mit den Körnern würzt man Marinaden, Gemüse und gerilltes Fleisch. Gemahlene Fenchelsamen lassen sich mit kochendem Wasser zu einem Magen und Darm beruhigenden Tee aufbrühen.

WALDMEISTER

Galium odoratum

Der Echte Waldmeister ist in Europa beheimatet und wurde auch in Amerika und Australien kultiviert. Die ausgeprägte Schatten- und Humuspflanze steht oft in großen Mengen zusammen und ist vor allem in Laubmischwäldern zu finden. Das ausdauernde, mehrjährige Kraut hat eine weit reichende, kriechende Wurzel, aus der vierkantige Stängel bis 30 cm hoch wachsen. An ihnen sitzen im oberen Teil acht stachelspitze, spatelförmige, am Rande raue Blätter. Im Mai erblühen die kleinen, in verzweigten Trugdolden stehenden, weißen Sternblüten und strömen einen charakteristischen Duft aus. Bei schwülem, gewittrigem Wetter ist er besonders intensiv zu riechen.

Kultivierung

Auch im Garten braucht der Waldmeister einen schattigen Platz mit einem humosen, lockeren und feuchten Boden. Die Pflanzstelle sollte deshalb mit Kompost und Rindenhumus angereichert und anschließend gut gewässert werden. Die Aussaat ist wegen der langen Keimdauer schwierig, deshalb empfiehlt es sich, Jungpflanzen zu kaufen und im Abstand von 20 x 20 cm zu setzen. Im Laufe der Zeit entwickelt sich aus den kriechenden Wurzeln ein dichter Waldmeisterrasen, der schattige Plätze dekorativ begrünen kann.

Ernte

Waldmeister wird direkt vor oder während der Blüte im Frühsommer geerntet. Dabei schneidet man die Stängel direkt über dem Boden ab, braust sie kurz ab, tupft sie trocken und verwendet sie entweder frisch oder getrocknet.

Verwendung

Mit den Blättern wird die berühmte »Maibowle« gewürzt, die nicht nur köstlich schmeckt, sondern auch belebend und verdauungsfördernd wirkt. Waldmeistertee ist hilfreich bei Gallen- und Leberleiden. Mit Waldmeister werden auch Süßspeisen verfeinert.

YSOP

Hyssopus officinalis

Der Ysop ist in Kleinasien beheimatet, wo man ihn an trockenen Ufern und auf alten Mauern findet. Der winterharte, mehrjährige, verholzende und aromatisch duftende Halbstrauch aus der Familie der Lippenblütler wird bis zu 80 cm hoch. Er weist zahlreiche aufrechte, verzweigte Äste mit abblätternder Rinde auf. Die schmalen, lanzettlichen, behaarten Blätter sind gegenständig und scheinbar quirlig an Kurztrieben angeordnet. In den oberen Blattachseln stehen zahlreiche blauviolette, weiße oder rosafarbene Blüten in Scheinquirlen. Die Blütezeit ist von Juli bis Oktober.

Kultivierung

Ysop stellt keine besonderen Ansprüche, gedeiht jedoch am besten an einem sonnigen Platz mit durchlässigem, nicht zu nassem, kalkhaltigem Boden. Freilandaussaaten sind von Mitte bis Ende Mai möglich, je nach Anzuchttemperatur liegt die Keimdauer zwischen 7 und 21 Tagen. Am besten man kauft vorgezogene Pflanzen beim Gärtner, die später geteilt oder durch Kopfstecklinge vermehrt werden können. Eine leichte Stickstoffgabe nach dem ersten Schnitt beschleunigt das Wachstum. Die attraktive, duftende Pflanze wird von Bienen und Schmetterlingen besucht und eignet sich auch als Rabatte und Randbepflanzung. In rauen Lagen benötigt sie Winterschutz.

Ernte

Die jungen Blätter und Triebspitzen können die ganze Vegetationsperiode geerntet werden. Man bündelt sie und hängt sie an einem luftigen Ort zum Trocknen auf. Die Haupternte erfolgt erst kurz vor oder mit Beginn der Blüte. Bei günstigem Witterungsverlauf kann eine zweite Ernte im Herbst erfolgen.

Verwendung

Ysop passt gut zu Soßen und Suppen und eignet sich, je nach Geschmack, auch zum Würzen von Salaten und Gemüsegerichten. Er soll nie mitgekocht werden, denn dann verliert er sein Aroma. Man gibt ihn immer erst an die fertigen Speisen.

LORBEER

Laurus nobilis

Ursprünglich in Südeuropa beheimatet, ist der Lorbeer heute über die ganze Welt verbreitet. Der immergrüne, aus einer Wurzel heraus sich buschig verzweigende Strauch oder kleine Baum aus der Familie der Lorbeergewächse wächst in jungen Jahren kegelförmig und bildet erst später eine rundliche Krone. Er hat eine glatte Rinde und ist mit derben, ledrigen, 5–12 cm langen, elliptischen Blättern dicht belaubt. Sie glänzen auf der Oberseite und verströmen beim Zerreiben einen aromatischen Duft. Die achselständigen, winzigen gelben Blüten erscheinen im Frühling und bringen glänzende, blauschwarze Beeren hervor, die im September reifen.

Kultivierung

Im Garten bevorzugt der Lorbeer einen sonnigen oder halbschattigen, windgeschützten Platz mit einem durchlässigen, nährstoffreichen Boden. Lorbeer bildet nur sehr flache Wurzeln und ist deshalb sehr frostanfällig, Winterschutzmaßnahmen sind wichtig. Man setzt die Sträucher oder Bäumchen in einem Abstand von 1 m, um ihnen genügend Platz zum Ausbreiten zu geben. Die Vermehrung erfolgt durch Stecklinge im Spätsommer, die zum Bewurzeln in sandigen Boden in einer frostfreien Ecke des Gartens gesteckt werden. Wenn man frühzeitig mit dem Schnitt anfängt, lässt sich Lorbeer auch zu schönen Formschnittgehölzen gestalten.

Ernte

Blätter und Zweige werden im Sommer geerntet. Lorbeerblätter müssen im Dunklen getrocknet werden, damit sie nicht völlig braun werden. Es empfiehlt sich, die Blätter liegend zu lagern und regelmäßig zu bewegen oder zu wenden, damit sie nicht schimmeln und einigermaßen glatt bleiben.

Verwendung

In der Küche ist Lorbeer vielseitig verwendbar, muss aber aufgrund seines dominierenden Geschmacks sparsam dosiert werden. Die Blätter eignen sich vor allem für Marinaden zum Einlegen von Fleisch, Heringen und zum Kochen von Fischsud.

ECHTER LAVENDEL

Lavandula angustifolia

Der Lavendel ist in den Mittelmeerländern und auf den Kanarischen Inseln beheimatet. Dort überzieht er mitunter ganze Felder und Berghänge, er wird aber auch in Gärten und Kulturen angebaut. Der mehrjährige, winterharte Halbstrauch aus der Familie der Lippenblütler hat bis zu 60 cm hohe, dicht gedrängte Stängel, an denen lanzettliche, ganzrandige, silbergrau schimmernde Blätter sitzen, die aromatisch duften. Die kleinen, dunkelblauen bis violettblauen Blüten bilden vielblütige Wirbel und vereinigen sich zu einem bis zu 8 cm langen Blütenstand. Ältere Triebe verholzen am Grund. Blütezeit ist Juli/August.

Kultivierung

Der Lavendel bevorzugt im Garten einen sonnigen Standort mit gut durchlässigem, kalkhaltigem Boden. Er wird gerne als Rabattenpflanze, als Randbepflanzung von Rosenbeeten oder auf trockene Mauern und in Steingärten eingesetzt. Die Jungpflanzen benötigen 30 cm Abstand. Die Vermehrung erfolgt durch Stecklinge im Frühjahr oder Herbst oder durch Teilung des Wurzelstocks im Herbst. Im ersten Jahr muss man den Blütenansatz abschneiden, damit die Pflanze buschiger wächst. Um die Pflanze dann in Form zu halten, wird sie jedes Jahr im Frühjahr geschnitten, ohne das alte Holz einzubeziehen. In sehr kalten Wintern setzt man die Pflanze am besten in einen Topf.

Ernte

Die Blüten werden gepflückt, sobald sie sich öffnen. Zum Trocknen bindet man sie zu Sträußen zusammen und hängt sie kopfüber auf. Die Blätter für den Frischverbrauch können das ganze Jahr geerntet werden. Man trocknet sie an der Luft im Schatten und zerreibt sie.

Verwendung

Die frischen Blüten verwendet man (sparsam) zum Aromatisieren von Salatsoßen, Kräuterbutter, Essig und Öl. Lavendel gilt als Heilmittel bei Verbrennungen und Insektenstichen, die ätherischen Öle wirken beruhigend.

GARTENKRESSE

Lepidum sativum

Die Gartenkresse kommt ursprünglich aus Vorderasien, wahrscheinlich aus Persien. Wild findet man sie auf Schutthalden und an Wegrändern. Die einjährige Kulturpflanze aus der Familie der Kreuzblütler wird etwa 50 cm hoch. Die Stängel sind kahl, bläulich grün und nach oben verzweigt. An ihnen sitzen kleine, gefiederte, hellgrüne, wechselständige Blätter. Die winzigen, weißen bis rosafarbenen, zwittrigen Blüten erscheinen im Juli.

Kultivierung

Die Gartenkresse ist äußerst genügsam und stellt keine besonderen Ansprüche an den Boden. Gut wächst sie auf mageren Böden an sonnigen bis halbschattigen Standorten und gedeiht selbst im Schatten. Mineralisch gedüngte Böden und Trockenheit verträgt sie jedoch nicht. Die ersten Aussaaten im Freiland können bereits Anfang März vorgenommen werden. Man sät im Reihenabstand von 15 cm mit 600 Korn pro laufendem Meter aus. Der Samen wird fest angedrückt (nicht mit Erde abdecken) und immer gut feucht gehalten. Die Keimzeit im Freiland beträgt 4–8 Tage. Letzte Freilandaussaat ist Ende September.

Ernte

Man erntet fortlaufend die frischen Blätter, wenn die Pflanzen ca. 6 cm hoch sind. Zum Trocknen eignen sie sich nicht. Im Winter lässt sich die Kresse auf der Fensterbank in einer Keimbox oder auf einem feuchten Küchenkrepp leicht zum Keimen bringen.

Verwendung

Die Gartenkresse wird frisch auf Frischkäse- oder Quarkaufstriche, Butter- oder Schmalzbrote gestreut und für Salate verwendet. Auf Gemüsesuppen oder Eierspeisen gestreut gibt sie diesen eine pikant-scharfe Note. Die Kresse ist zudem eine Zutat der »Frankfurter Grünen Soße«.

LIEBSTÖCKEL

Levisticum officinale

Der Liebstöckel ist ursprünglich in Südwestasien beheimatet und heute wild wachsend in allen gemäßigten Klimazonen zu finden. Die mehrjährige, winterharte, bis 2 hohe Staude aus der Familie der Doldenblütler hat einen kräftig verzweigten, fleischigen Wurzelstock. An den dicken, hohlen Stängeln sitzen langgestielte, gefiederte, glänzend grüne, weiche Blätter und bilden am Ende ihrer obersten Verzweigung große Dolden mit unzähligen gelb-grünen Blütchen. Die Pflanze riecht intensiv nach Maggi und wird deshalb aus »Maggikraut« genannt. Blütezeit ist Juli/August. Die Pflanze ist bienenfreundlich.

Kultivierung

Im Garten braucht Liebstöckel einen sonnigen bis halbschattigen Platz mit tiefgründigem, feuchtem, nährstoffreichem Boden. Die Vermehrung erfolgt durch Aussaat im Frühjahr oder Sommer oder durch Wurzelteilung im Frühjahr oder Herbst. Da ein Exemplar der großen Pflanze in der Regel für den Kräutergarten ausreicht, ist es am einfachsten, Jungpflanzen zu kaufen. Bei eigener Aussaat sollte zuvor der Boden mit Kompost oder organischem Dünger angereichert sein. Liebstöckel wird sehr hoch, deshalb muss der Standort entsprechend gewählt werden. Er kann dort bis zu 10 Jahren bleiben.

Ernte

Blätter zum Würzen werden am besten vor der Blüte geerntet. Erst im Herbst des zweiten Jahres werden die Wurzeln ausgegraben, gereinigt und an Schnüren zum Trocknen aufgehängt. Die Samen sammelt man an einem trockenen Tag, stülpt dazu eine Papiertüte über die Blüten und hängt sie an einem luftigen Ort auf.

Verwendung

In der Küche lässt sich Liebstöckel vielseitig einsetzen. Es eignet sich zum Würzen von Salaten, Eintopfgerichten und Soßen. Mit den Samenkörnern werden Brot und Käsegebäck gewürzt. Liebstöckel-Tee wird bei Harnwegsbeschwerden und Verdauungsproblemen eingesetzt.

Zitronenmelisse

Melissa officinalis

Ursprünglich stammt die Melisse aus dem Vorderen Orient, ist aber schon seit langem im Mittelmeerraum verbreitet. Die winterharte, mehrjährige, buschige Staude aus der Familie der Lippenblütler findet mit einem flach wachsenden, weit verzweigten Wurzelstock Halt im Boden. Aus ihm steigen vierkantige, verästelte, leicht behaarte Stängel bis zu 1m hoch. Die hellgrünen Blätter sind weich, eiförmig, am Rand grob gesägt und netzartig geädert. In den Blattachseln sitzen unscheinbare, blassgelbe bis weiße Blüten. Bei Berührung verströmt die Pflanze einen intensiven Zitronenduft. Blütezeit ist Juli/August.

Kultivierung

Im Garten fühlt sich die Melisse an einem sonnigen bis halbschattigen, windgeschützten Platz mit durchlässigem, humosem, feuchtem Boden am wohlsten. Es empfiehlt sich, den Boden mit Kompost anzureichern. Die Vermehrung erfolgt durch Samen oder Stecklinge im Frühjahr, bei großen Exemplaren auch durch Teilung des Wurzelstocks im Herbst. Die Anzucht aus Samen ist umständlich, denn die Jungpflanzen entwickeln sich nur sehr langsam. Fertige Jungpflanzen werden überall im Gartenfachhandel angeboten. Um das Wachstum neuer Triebe anzuregen, kürzt man die Pflanze an den Rändern. In rauen Gegenden braucht die Zitronenmelisse Winterschutz.

Ernte

Von Frühjahr bis Herbst können die zarten jungen Blätter und Triebe frisch geerntet werden. Kurz vor der Blüte ist die Würzkraft am stärksten. Damit das Aroma in den Blättern erhalten bleibt, pflückt man sie an einem warmen, sonnigen Tag und trocknet sie möglichst rasch.

Verwendung

Mit den frischen Blättern würzt man grüne Salate, Tomaten und Gurken sowie Fisch- und Fleischgerichte. Sie eignen sich auch als Beigabe zu Sommergetränken, Obstsalaten und Marmeladen.

PFEFFERMINZE

Mentha x piperita

Minzen sind eine Pflanzengattung aus der Familie der Lippenblütengewächse. Die meisten der etwa 25–30 Arten sind in den gemäßigten Gebieten der Nordhalbkugel beheimatet. Sie gedeihen meist an feuchten Standorten. Die aromatischen, ausdauernden, krautigen Pflanzen haben unterirdische Ausläufer oder Rhizome. Die aufrechten, bis 80 cm hohen, rötlich überlaufenen Stängel können verzweigt sein. Die gegenständigen Laubblätter haben meist einen gezähnten oder gesägten Rand. Die Blüten sind in überwiegend vielblütigen Scheinquirlen angeordnet, die unterbrochene Scheinähren mit laubigen Tragblättern oder dichte Scheinähren mit kleinen Hochblättern bilden. Die Blütezeit ist von Juli bis Oktober.

Kultivierung

Die Pfefferminze braucht einen sonnigen bis halbschattigen, windgeschützten Platz mit humosem, durchlässigem und feuchtem Boden. Sie hat einen starken Ausbreitungsdrang, wo dies unerwünscht ist, sollte rings um die Pflanze eine Bodenbarriere (Wurzelsperre) ca. 30 cm tief in die Erde eingelassen werden. Die Vermehrung erfolgt am besten durch Wurzelausläufer, die man die ganze Wachstumsperiode über abnehmen kann. Die ca. 10 cm langen Ableger legt man im Abstand cm 30 cm in den Boden. In das Erdreich sollte zuvor reichlich Kompost eingearbeitet werden.

Ernte

Frische Blätter und Triebspitzen können während des ganzen Sommers gepflückt werden, kurz vor der Blüte ist ihr Aroma am intensivsten. Man schneidet die Stängel dicht über dem Boden ab, bündelt sie und hängt sie zum Trocknen auf. Die getrockneten Blätter werden in luftdicht verschlossenen Gläsern aufbewahrt.

Verwendung

Die Pfefferminze passt als Würze sowohl zu pikanten als auch süßen Speisen. Die frischen Blätter geben Obstsalaten und Mixgetränken ein frisches Aroma. Wegen ihres entzündungshemmenden und krampflösenden Öls gilt die Pfefferminze seit jeher als Heilmittel. Der Tee kann aus frischen und trockenen Blättern zubereitet werden.

BRUNNENKRESSE

Nasturtium officinale

Die Brunnenkresse wächst wild auch bei uns in fließenden Gewässern. Aufgrund zunehmender Wasserverschmutzung findet man sie jedoch eher selten. Die wintergrüne, ausdauernde, krautige Staude hat hohle, runde, kahle Stängel, die bis zu 80 cm lang sind und im Wasser liegen. Die rundlichen Wurzelblättchen treiben am unteren Ende. Die kleinen, grasgrünen, unpaarig gefiederten, fleischigen Laubblätter bestehen meist aus 2-4 Fiederpaaren. Den ganzen Sommer über erscheinen kleine, weiße Blüten.

Kultivierung

Um sich richtig entwickeln zu können benötigt Die Brunnenkresse einen schattigen Standort und »nasse Füße«. Gesät wird von Ende Mai bis Anfang Juli in einer wasserdichten Aussaatschale. Man deckt den Samen leicht mit Erde ab und hält ihn feucht. Nach 7-21 Tagen keimt die Brunnenkresse. Sind die Pflanzen 5 cm groß, werden sie im Abstand von 15 x 15 cm pikiert. Hierzu nimmt man einen wasserdichten Kasten und füllt ihn bis zur Hälfte mit gut verrottetem Kompost. Danach wird so viel Wasser aufgefüllt, bis es 1 cm über der Erde steht. Alle 14 Tage sollte mit 12 g Flüssigdünger auf 1 l Wasser gedüngt werden. Man kann die Brunnenkresse auch im Uferbereich eines Gartenteichs pflanzen. Voraussetzung ist jedoch klares und sauberes Wasser. Im Winter wird die Brunnenkresse ins tiefere Wasser gesetzt, so schützt man sie vor Frosteinwirkungen.

Ernte

Frische Triebspitzen und Blätter können den ganzen Sommer über geerntet werden, an einem frostfreien und hellen Standort sogar im Winter.

Verwendung

Brunnenkresse schmeckt scharfwürzig und wird klein gehackt unter Salate gemischt, findet aber auch Verwendung bei Kräutersoßen und Quarkspeisen. Gesundheitlich wertvoll ist sie durch ihren hohen Vitamin C-Gehalt.

BASILIKUM

Ocimum basilicum

Basilikum ist ursprünglich in Indien, dem Nahen Osten und auf einigen pazifischen Inseln beheimatet. Seit Jahrtausenden wird er auch in den Mittelmeerländern kultiviert. Basilikum ist ein einjähriges, sehr aromatisches, 20–40 cm hohes Kraut aus der Familie der Lippenblütler. Die buschig wachsende Pflanze hat gestielte, eiförmige, ganzrandige oder leicht gezähnte, hellgrüne Blätter und trägt in den Triebspitzen kleine, cremeweiße bis rötliche Blüten in endständigen Ähren. Blütezeit ist von Juli bis September.

Kultivierung

Basilikum braucht einen sehr sonnigen, warmen und windgeschützten Platz mit nährstoffreichem, humosem, durchlässigem Boden. Die frostempfindliche Pflanze wird am besten im Frühbeetkasten vorgezogen. Die Aussaat erfolgt Ende März in Saatschalen, die Samen nur leicht mit Erde bedecken (Lichtkeimer). Ins Freie ausgepflanzt wird ab Mitte Mai. Danach empfiehlt sich eine Vlies- oder Folienabdeckung, um die Pflanzen vor kalten Nächten zu schützen. Um einen buschigen Wuchs zu fördern, sollte man die Triebspitzen regelmäßig auskneifen. In unseren Breiten gedeiht Basilikum in Töpfen besser als im Freiland.

Ernte

Geerntet werden den ganzen Sommer über die frischen, Blätter und jungen Triebe. Man schneidet die Stängel kurz vor der Blüte eine Handbreit über dem Boden ab, sodass die Pflanze neu austreiben kann. Zum Trocknen eignen sich die Blätter nicht, sie werden besser eingefroren oder in Öl eingelegt.

Verwendung

Die frischen Blätter passen besonders gut zu Tomaten mit Mozzarella, zu Nudelgerichten (Pesto) und zu Pizza. Basilikum sollte nicht mitgekocht und aufgrund seines intensiven Aromas nur sparsam verwendet werden.

MAJORAN

Origanum majoran

Der Majoran kommt ursprünglich aus Indien und ist heute in allen Ländern der gemäßigten Zonen verbreitet. Wild wächst er an sonnigen Hängen und Wegrändern. Die ausdauernde Staude aus der Familie der Lippenblütler wächst bis zu 50 cm hoch und wird oft nur wie eine einjährige Pflanze kultiviert. Die hellgrünen, runden, gegenständigen Laubblätter duften aromatisch. Die kleinen, weißen, lila- oder rosafarbenen Blüten sitzen in kompakten, fast kugeligen Blütenständen. Blütezeit ist von Juni bis September.

Kultivierung

Majoran gedeiht besonders gut auf einem humusreichen, lockeren Sand- oder Lehmboden an einem geschützten, sonnigen bis halbschattigen Platz. Die Pflanzen werden aus Samen gezogen. Im Zimmer oder Frühbeet vorkeimen, nach Frostende pikieren und in Reihen im Abstand von 20 cm ins Freiland auspflanzen. Einfacher lässt sich der Majoran durch Wurzelteilung oder Wurzelstecklinge vermehren. Um die Blattbildung anzuregen, schneidet man laufend die Blütenknospen zurück. Nach 2–3 Jahren sollen die Pflanzen ausgegraben, die Wurzeln geteilt und möglichst an anderer Stelle wieder ausgepflanzt werden.

Ernte

Blätter und Triebspitzen zum Sofortverbrauch schneidet man laufend, zum Trocknen vor oder spätestens während der Blüte, weil das Kraut dann die meisten Aromastoffe enthält. Man bündelt die Stängel und hängt sie kopfüber auf.

Verwendung

Dank seines vielseitigen Würzpotenzials zählt Majoran zu einem der beliebtesten Küchenkräuter. Es passt gut zu Pizza, Fleisch-, Kartoffel- und Tomatengerichten, Suppen und Eintöpfen. Er kann mitgegart werden.

OREGANO

Origanum vulgare

Die meisten *Origanum*-Arten kommen aus dem Mittelmeerraum, sind aber mittlerweile auch in vielen anderen Ländern zuhause und haben dort heimische Arten entwickelt, wenngleich unter verschiedenen Bezeichnungen. Die mehrjährige, winterharte Pflanze aus der Familie der Lippenblütler wächst bis zu 50 cm hoch. Die aufrechten, gegenständig stehenden, ovalen Stängel sind oft rötlich gefärbt und verdorren in der vollen Sonne. Die grünen Blätter riechen leicht aromatisch. Ab Juli zeigen sich rosarote Blüten in rispenartig verzweigten Büscheln.

Kultivierung

Oregano braucht einen warmen, vollsonnigen, windgeschützten Platz mit einem trockenen, kalkhaltigen, gut durchlässigen Boden. Die Pflanze eignet sich sehr gut für Steingärten sowie für die Einfassung von Wegen und Beeten und gedeiht auch im Topf. Die Vermehrung erfolgt durch Aussaat der Samen im Frühjahr oder Herbst oder durch Sommerstecklinge. Die Jungpflanzen werden im Abstand von 25 cm gesetzt. In rauen Gegenden empfiehlt sich im Winter eine Reisigabdeckung. Im Frühjahr schneidet man die Pflanze bis dicht über dem Boden zurück.

Ernte

Die frischen Blätter und Triebspitzen können im Sommer laufend geerntet werden. In der Blütezeit hat das Kraut seine größte Würzkraft. Zum Ende der Wachstumsphase schneidet man es handhoch über der Erde ab und hängt es zum Trocknen in einen luftigen Raum.

Verwendung

In der italienischen Küche ist Oregano unverzichtbar und gibt Pizza, Pasta, Fleisch- und Kartoffelgerichten einen charakteristischen Geschmack. Oregano-Tee wirkt verdauungsfördernd und hilfreich bei Husten und Halsschmerzen.

PETERSILIE

Petroselinum

Die Petersilie stammt aus Südeuropa, vor allem aus den Mittelmeerländern, und wird heute überall auf der Welt kultiviert. Die zweijährige Pflanze aus der Familie der Doldenblütler treibt im ersten Jahr aus einer kräftigen Wurzel eine 20–30 cm hohe Rosette aus lang gestielten, mehrfach gefiederten Blättern. Im zweiten Jahr erscheinen 60 cm hohe Blütenstängel mit unscheinbaren, gelblich-grünen Dolden. Danach stellt die Pflanze das Blattwachstum ein. Blütezeit ist Juni/Juli. Die Krause Petersilie *(P. crispum)* hat hellgrüne Blätter mit krausen, gezähnten Rändern, die Glatte Petersilie *(P. crispum hortense)* trägt dunkelgrüne Blätter. Die Wurzelpetersilie *(P. crispum var. tuberosum)* ist eine mehrjährige Pflanze, meist als einjähriges Kraut gezogen, deren Wurzel bis 15 cm lang wird.

Kultivierung

Die Petersilie braucht einen sonnigen bis halbschattigen Platz mit einem tiefgründigen, feuchten, lockeren und nährstoffreichen Boden. Von Mitte März bis Ende Juli kann direkt ins Freiland ausgesät werden. Die Samen werden dünn im Reihenabstand von 30–40 cm und 3 cm tief ausgesät. Die Aussaat sollte aber jedes Jahr an einer anderen Stelle erfolgen, erst im vierten Jahr kann die Petersilie wieder am gleichen Platz wachsen. Sobald die Sämlinge groß genug sind, dünnt man im Abstand von 8 cm aus und verzieht später im Abstand von 15 cm. Immer gut wässern. Im zweiten Jahr bildet das Kraut schnell Samen aus.

Ernte

Sobald die Petersilie kräftig genug ist, können die Blätter laufend bis zur Blüte geerntet werden. Petersilienblätter lassen sich trocknen oder frisch einfrieren.

Verwendung

Petersilie eignet sich zum Garnieren, vor allem als »Bouquet garni«, zum Würzen von Soßen, Füllungen und Fisch. Glatte Petersilie schmeckt würziger als krause.

ANIS

Pimpinella anisium

Ursprünglich im östlichen Mittelmeerraum beheimatet, wird Anis heute weltweit in den gemäßigten Klimagebieten angebaut. Die einjährige Pflanze aus der Familie der Doldenblütler wächst 30–60 cm hoch. Die aufrechten, leicht behaarten Stängel tragen unten leuchtendgrüne, lang gestielte, gelappte aromatisch duftende Blätter, oben sitzen sie dicht am Stängel und sind fein gefiedert. Im Juli/August erscheinen kleine, weiße Blüten, in flachen Dolden angeordnete Blüten.

Kultivierung

Anis bevorzugt einen warmen, sonnigen Platz mit einem gut durchlässigen, kalkhaltigen, nährstoffreichen Boden. Kühle und verregnete Sommer sind ungünstig für die Kultur, da der Samen bis zu einem Monat zum Keimen braucht und die Dolden nicht mehr richtig ausreifen können. Die Vermehrung erfolgt Ende März, Anfang April durch Aussaat, breitwürfig oder in Reihen. Die Samen müssen gut von Erde bedeckt sein (Dunkelkeimer). Später werden die Sämlinge im Abstand von ca. 15 cm vereinzelt. Sie vertragen es nicht, verpflanzt zu werden.

Ernte

Die Blätter kann man laufend ernten. Die Samen sind rund sechs Wochen nach der Blüte reif. Ihre Dolden werden kurz vor der Vollreife im September/Oktober geerntet und sollten gut trocknen. Sie haben ihr volles Aroma erst erreicht, wenn sich die Schalen bräunlich verfärben. Man schneidet die Stiele ab und hängt sie zum Trocknen auf. Nach dem Trocknen werden die Samen vorsichtig ausgeschüttelt und in luftdichten Gläsern aufbewahrt.

Verwendung

Die aromatischen Blätter werden gerne unter Salate gemischt. Die getrockneten Samen dienen vor allem zum Würzen von Gebäck und Brot. Auch zur Aromatisierung verschiedener Süßspeisen und Spirituosen (Pastis, Raki) findet Anis Verwendung. Anis-Tee kommt in Kombination mit Fenchel bei Verdauungsbeschwerden zum Einsatz.

PORTULAK

Portulaca oleracea

Der Portulak kommt ursprünglich aus Afrika und Kleinasien und gehört zur gleichnamigen Familie der Portulakgewächse. Die einjährige, krautige, sukkulente Pflanze wird 20–30 cm hoch. Sie verzweigt sich von der Basis mit niederliegenden und aufstrebenden Trieben. Die Sprosse sind grün und können bei sonnigem Stand purpurn überhaucht sein. Die frischgrünen, fleischigen Blätter sind stumpf spatelförmig und stehen wechselständig an den Zweigen. Vom Mai bis September erscheinen gelbliche Blüten.

Kultivierung

Portulak ist frostempfindlich und braucht einen warmen, sonnigen und geschützten Platz mit humosem, durchlässigem, eher sandigem Boden. Kühle und verregnete Sommer sind für die Kultur ungünstig. Ab Mitte Mai wird ins Freiland im Reihenabstand von 15 cm gesät. Die Samen drückt man leicht an, ohne sie jedoch mit Erde zu bedecken. Wird alle 4 Wochen nachgesät, kann laufend geerntet werden, bis das Wetter kühler wird.

Ernte

Die jungen Blätter werden so lange geschnitten, bis die Pflanze blüht, danach werden sie bitter. Das untere Drittel der Pflanze lässt man stehen, sie treibt dann neu aus und es kann zwei bis drei Mal geerntet werden. Portulak lässt sich nicht konservieren.

Verwendung

Mit den frischen jungen, leicht salzigen, nussig schmeckenden Blättern lassen sich Quarkaufstriche, Salate, Soßen und Suppen verfeinern. Portulak-Tee wird in der Heilkunde bei Blasen- und Nierenleiden empfohlen.

Rosmarin

Rosmarinus officinalis

Der Rosmarin ist im Mittelmeerraum beheimatet und in allen gemäßigten Zonen weit verbreitet. Der winterharte, immergrüne, dicht verzweigte Strauch aus der Familie der Lippenblütler wächst 30-200 cm hoch. Die Äste mit borkenartiger Rinde stehen auf einer verholzten Wurzel. Aus ihnen wachsen im Frühjahr zahlreiche hellgrüne, flaumig behaarte Triebe mit graugrünen, nadelartigen, derben Blättern. Aus den Blattachseln entwickeln sich viele Kurztriebe, an denen blaue, weiße oder rosa Blüten in Wirbeln eine Art Krone bilden. Blütezeit ist Mai/Juni. Beim Zerreiben duften alle Teile der Pflanze aromatisch.

Kultivierung

Rosmarin bevorzugt einen leichten, durchlässigen, humosen Boden an einem vollsonnigen, geschützten Platz. Die Vermehrung erfolgt durch Aussaat im Frühjahr. Einfacher geht ist die Pflanzung von Kopfstecklingen im Sommer, die im Frühherbst geschnitten wurden. Die Jungpflanzen werden im Abstand von 40-100 cm gesetzt. Rosmarin eignet sich für die Rabatte, als Heckenpflanze, vor allem auch für die Topfkultur. In unseren Breiten sollte die Pflanze im Freiland einen Winterschutz erhalten, als Kübelpflanze an einem hellen, kühlen Platz im Haus überwintern.

Ernte

Da Rosmarin ein immergrüner Strauch ist, lassen sich das ganze Jahr über frische Blätter und junge Triebspitzen ernten. Wer sich einen größeren Vorrat zulegen will, pflückt die Blätter im Sommer und trocknet sie oder legt sie in Öl ein.

Verwendung

Sparsam dosiert passt Rosmarin sehr gut zu Lamm, Kalbfleisch, Geflügel und Kaninchen. Suppen, Gemüse-Aufläufe und Kartoffelgerichte erhalten eine ganz eigene Note durch die Beigabe von ganzen Zweigen, die man vor dem Servieren herausnimmt.

SAUERAMPFER

Rumex acetosa

Der Sauerampfer ist in den nördlichen Breiten Europas, Asiens und Amerikas verbreitet. Wild wächst er auf sauren Wiesen, entlang von Bächen und Flüssen und an Gehölzrändern. Die Kultur im Freiland ist an geschützten Standorten möglich. Die mehrjährige, in milden Regionen winterharte Staude aus der Familie der Knöterichgewächse wächst 60–120 cm hoch und hat dicke, lange pfeilförmige Blätter. Die fleischige, weit reichende Wurzel dringt bis 1 m tief in das Erdreich ein und lockert es. Ab Mai sprießen unscheinbare zunächst grüne, später rotbraune Blüten hervor und bilden schlanke, lockere Ähren.

Kultivierung

Der Sauerampfer ist eine anspruchslose Pflanze, die am besten an einem schattigen bis halbschattigen Platz in einem tiefgründigen, feuchten Boden gedeiht. Ausgesät wird im Reihenabstand von 25 cm von Ende März bis Ende Mai. Die Keimzeit beträgt je nach Witterungsverlauf zwischen 7 und 21 Tagen. Nach dem Auflaufen wird auf 35 cm in der Reihe vereinzelt. Die Blütenstände sollten, sobald ersichtlich, entfernt werden, denn sie kosten die Pflanzen unnötig viel Kraft.

Ernte

Sobald die Pflanzen etwa fünf 7–10 cm lange Blätter haben kann man die frischen jungen Blätter laufend, ernten, dabei einzeln abschneiden. Nur die Herzblätter bleiben stehen. Ältere Blätter schmecken bitter.

Verwendung

Frische junge Sauerampferblätter können zu Salaten und grüner »Frankfurter Soße« verwendet werden. Kurz in Salzwasser gekocht und dann in Butter gedünstet, ist Sauerampfer ein sehr schmackhaftes Gemüse. Sauerampfer dient auch als säuerliche Würze zu Kerbel- und Kartoffelsuppen und Linsen.

WEINRAUTE

Ruta graveolens

Die Weinraute war ursprünglich in den südeuropäischen Mittelmeerländern beheimatet. Inzwischen hat sie sich kälteren klimatischen Bedingungen angepasst und ist auch in Nordeuropa, Nordamerika und Asien zu finden. An dem winterharten, immergrünen 50–80 cm hohen Halbstrauch aus der Familie der Rautengewächse fällt besonders das schöne, graublaue Blattwerk auf. Hält man das zierlich gegliederte Laub gegen das Licht, sind durchscheinende, nadelstichartige Löcher zu erkennen. Das sind Drüsen, die mit ätherischem Öl gefüllt sind. Sie werden besonders an heißen Tagen aktiv und verströmen einen bitteraromatischen Geruch. Auch die zahlreich in einer Scheindolde angeordneten gelben Blüten sind mit Öldrüsen besetzt. Blütezeit ist von Juni bis September. **Wichtig:** Die Berührung der Pflanze kann allergische Reaktionen hervorrufen!

Kultivierung

Die Weinraute braucht einen geschützten, sonnigen Platz mit durchlässigem, magerem, etwas kalkhaltigem Boden. Im April kann direkt an Ort und Stelle ausgesät werden. Später setzt man die Jungpflanzen im Abstand von 35 cm ins Beet. Die Vermehrung erfolgt einfach über Stockteilung oder Stecklinge im Spätsommer. In rauen Gegenden benötigt die Weinraute etwas Winterschutz.

Ernte

Junge Blätter zum Sofortverbrauch können den ganzen Sommer über geerntet werden. Zum Trocknen schneidet man ganze Triebe ab und hängt sie zum Trocknen an einem luftigen Platz auf. Wegen der allergischen Wirkung der ätherischen Öle trägt man beim Ernten am besten Handschuhe.

Verwendung

Aufgrund des bitteren Geschmacks verwendet man junge, zarte Blättchen nur sehr sparsam zum Würzen von Wild, Soßen und Aufläufen. Es eignet sich auch zum Aromatisieren von Kräuterlikören.

SALBEI

Salvia officinalis

Die Gattung *Salvia* ist weltweit von tropischen bis in gemäßigte Zonen verbreitet. Sie umfasst 800–1100 ein-, zwei- und mehrjährige Arten. Der 30–60 cm hohe, aromatisch duftende, ausdauernde Halbstrauch aus der Familie der Lippenblütler hat eine tief reichende, teils verholzte Pfahlwurzel, aus der ein vielfach verzweigter, vierkantiger, graufilzig behaarter Stängel aufsteigt. Die elliptischen, gegenständigen, grünlichgrauen, unterseits feinrunzligen Blätter variieren in der Farbe ebenso wie im Geschmack. An den Enden der Triebe sitzen blauviolette, lockere Blüten, die eine große Anziehungskraft auf Bienen ausüben. Blütezeit ist Juli/August.

Kultivierung

Der Salbei braucht einen windgeschützten, sonnigen, warmen Platz mit einem mäßig trockenen, durchlässigen, kalkhaltigen Boden. Die Aussaat ist im Frühjahr möglich, einfacher erfolgt die Vermehrung jedoch durch Kopfstecklinge, die vom Frühjahr bis zum Herbst geschnitten werden. Damit das Kraut buschig wächst, sollte der Strauch im Frühling und Spätsommer nach der Blüte gestutzt werden. Ausgewachsene Pflanzen kann man im Frühjahr kräftig zurückschneiden. In kalten Wintern friert der Salbei zurück, treibt ab nach dem Rückschnitt wieder neu aus.

Ernte

Für den Sofortverbrauch können die Blätter laufend geerntet werden, die jungen, zarten Blätter sind am würzigsten. Zum Trocknen schneidet man kurz vor der Blüte ganze Triebspitzen ab und breitet sie im Schatten locker auf einem Tuch aus.

Verwendung

Fleisch- und Pilzgerichte, Nudeln und Soßen lassen sich wunderbar mit den frischen Blättern verfeinern. Auch die Blüten sind wohlschmeckend. Salbei-Tee hat eine antiseptische Wirkung bei Halsentzündungen.

PIMPINELLE

Sanguisorba minor

Die Pimpinelle stammt ursprünglich aus dem Mittelmeerraum, ist aber schon seit dem Mittelalter in Mitteleuropa heimisch. Wild wächst sie auf trockenen Wiesen und an sonnigen Feldrainen. Die mehrjährige, krautige Staude aus der Familie der Rosengewächse erreicht Wuchshöhen von 20–100 cm. Am aufrechten Stängel sitzen hellgrüne, rosettenförmig angeordnete Laubblätter mit 3–12 Paaren eiförmiger Fiederblätter. Von Mai bis August treibt die Pflanze rötlich-grüne Blütenköpfchen von 1–3 cm Durchmesser aus.

Kultivierung

Die Pimpinelle ist eine recht anspruchslose Pflanze, die am besten an einem geschützten, sonnigen Platz, aber auch im Halbschatten gedeiht. Ideal ist ein magerer, trockener Boden. Die Aussaat erfolgt von März bis April direkt ins Freiland im Reihenabstand von 25 cm. Die Keimzeit beträgt je nach Witterungsverlauf 14–28 Tage. Nach dem Auflaufen der Pflanzen wird im Abstand von 25 cm in der Reihe vereinzelt. Pimpinelle ist eine Staude, die alle zwei Jahre neu gesät werden sollte, weil ältere Pflanzen mit der Zeit verkümmern.

Ernte

Die jungen Blätter erntet man laufend am besten während der Blütezeit. Die Wurzeln gräbt man im Frühjahr oder Spätherbst aus. Beim Trocknen verliert das Kraut sein Aroma, lässt sich aber gut einfrieren.

Verwendung

In Essig oder Zitronensaft eingelegte Pimpinelle wird gern zu Salaten genommen. Gut schmecken die jungen Blätter auch auf Butterbrot oder Quarkschnitten sowie fein gehackt zu Fisch, Eierspeisen, Gemüse und Salzkartoffeln, grünen Soßen und als Suppenkraut.

SOMMERBOHNENKRAUT

Satureja hortensis

Das Sommerbohnenkraut hat seinen Ursprung im Mittelmeerraum und wurde überall dort, wo es ähnliche Klimagegebenheiten vorfand, heimisch. Die einjährige, nicht frostharte Pflanze aus der Familie der Lippenblütler wächst mit einem an der Basis verholzenden, sich strauchartig verzweigenden, rötlich überhauchten Stängel bis zu 40 cm hoch. Die dunkelgrünen, schmalen, spitzen Blätter stehen gegenständig. In den Blattachseln bilden sich von Juli bis Oktober Büschel von kleinen, unscheinbaren, weiß bis violettroten Blüten. Das Kraut duftet intensiv aromatisch.

Kultivierung

Das Sommerbohnenkraut gedeiht am besten an einem vollsonnigen, windgeschützten Platz mit trockenem, humosem, eher sandigem Boden. Die wärmebedürftige Mittelmeerpflanze wird im April am Fensterbrett oder im warmen Frühbeet ausgesät und nach den Eisheiligen an den vorgesehen Platz im Garten gepflanzt. Ab Mitte Mai ist auch die Aussaat direkt ins Freiland mit späterem Vereinzeln auf 25 x 25 cm Abstand möglich. Die Samen dürfen jedoch nur leicht mit Erde bedeckt werden (Lichtkeimer).

Ernte

Von Frühjahr bis Herbst können frische Blätter und junge Triebe geerntet werden, der beste Erntezeitpunkt ist kurz vor der Blüte. Die dicht über dem Boden abgeschnittenen Kräuter werden gebündelt und an einem schattigen, luftigen Ort getrocknet. Nach dem Trocknen rebelt man die Blätter ab und bewahrt sie luftdicht auf.

Verwendung

Das Sommerbohnenkraut kann Pfeffer und Salz ersetzen und eignet sich deshalb gut für eine Diät. Es passt gut zu fettem Fleisch sowie Gemüse und Hülsenfrüchten, sollte aber nur sparsam eingesetzt werden. Bohnenkraut-Tee wirkt hilfreich bei Magen-Darm-Beschwerden.

Bergbohnenkraut

Satureja montana

Das Bergbohnenkraut hat seine Heimat im gesamten Mittelmeerraum und Südwestasien. Der winterharte, mehrjährige, immergrüne und robuste Halbstrauch wird bis 40 cm hoch. Die Stängel sind ganz oder nur im unteren Teil verholzt, im oberen Teil kurz behaart und häufig auch etwas violett überlaufen. An ihm sitzen glänzend grüne, ganzrandige, ledrige, am Rande behaarte Blätter, die aromatisch duften. Im August/September erscheinen zierliche rosa bis zartlila Blüten.

Kultivierung

Das Bergbohnenkraut braucht einen vollsonnigen, geschützten Platz mit gut durchlässigem, kalkhaltigem Boden. Die Vermehrung erfolgt durch Aussaat (Lichtkeimer) im späten Frühjahr oder durch halb reife Stecklinge im Spätsommer. Die Jungpflanzen benötigen einen Reihenabstand von 25 cm. Nach der Blüte oder im zeitigen Frühling bei Austriebsbeginn schneidet man die Pflanze etwa handhoch zurück. Dabei darf nicht in altes Holz geschnitten werden, da sie dann mitunter nicht mehr austreibt. Es empfiehlt sich, die Pflanze im Winter vor strengem Frost mit einer Reisigabdeckung zu schützen.

Ernte

Frische Blätter und Triebspitzen erntet man kurz vor oder während der Blütezeit, da Bohnenkräuter dann ihr würzigstes Aroma entfalten Die Zweige werden kurz über dem Boden abgeschnitten. Zum Trocknen hängt man sie gebündelt kopfüber an einem schattigen und luftigen Ort auf.

Verwendung

Das pfeffrig würzige Bergbohnenkraut passt wie das Sommerbohnenkraut zu deftiger Hausmannskost, fettem Fleisch und Wild sowie zu Bohnen und anderem Gemüse.

TRIPMADAM

Sedum rupestre

Tripmadam kommt in ganz Europa (außer den Britischen Inseln) vor und wächst wild häufig auf Dünen und Felsköpfen, Mauerkronen, an Dämmen und in Feinschutthalden. Die winterharte, mehrjährige, krautige Pflanze aus der Familie der Dickblattgewächse mit niederliegenden, 10–25 cm hohen Trieben. An ihnen sitzen etwa 2 cm lange, hellgrüne, schmale, vorne zugespitzte, fleischige Blätter, die Wasser speichern. Die goldgelben Blüten öffnen sich von Juni bis August.

Kultivierung

Tripmadam fühlt sich am wohlsten an einem vollsonnigen, warmen Platz mit sandigem bis steinigem Boden. Er eignet sich deshalb vor allem für den Steingarten, aber auch als Wegeinfassung. Aussaat ist zwar möglich, man besorgt sich jedoch am besten in der Gärtnerei Jungpflanzen, die im Garten problemlos anwachsen. Vom Frühjahr bis zum Herbst kann man Einzeltriebe als Stecklinge einsetzen, die dann rasch bewurzeln.

Ernte

Die nicht blühenden Triebspitzen können das ganze Jahr über frisch geerntet werden. Getrocknet verliert Tripmadam das Aroma völlig. Man kann es deshalb nur einfrieren oder in Öl einlegen.

Verwendung

Das frische Kraut schmeckt säuerlich und eignet sich sparsam dosiert als Würze für Salate, Soßen und Suppen. Mit einzelnen Trieben lassen sich kalte Platten dekorieren.

SENF

Sinapis alba, S. nigra

Sowohl der weiße als auch der schwarze Senf stammen aus dem Mittelmeerraum und gehören der Familie der Kreuzblütler an. Die Samenkörner des Weißen Senfs sind gelblichweiß, die des Schwarzen Senfs dunkelbraun und schärfer im Geschmack. Sie wachsen in waagerecht vom Stängel abstehenden Schoten heran. Die einjährigen, krautigen Pflanzen erreichen Wuchshöhen von bis zu 120 cm. An ihren kantigen, verzweigten Stängeln sitzen formenreich gegliederte, gezähnte, rau behaarte Blätter. Im Juni/Juli erscheinen zahlreiche gelbe Blüten in lockeren Doldentrauben.

Kultivierung

Der Senf gedeiht besonders gut an einem warmen, sonnigen Platz mit kalkhaltigem, lehmigem oder sandigem Boden. Ausgesät wird von März bis Mai in Reihen mit 30 cm Abstand. Wurde der Boden mit Kompost oder einem anderen organischen Dünger versorgt, sind weitere Nährstoffgaben nicht mehr nötig.

Ernte

Die jungen Blätter kann man den ganzen Sommer schneiden. Wenn die Schoten zu trocknen beginnen, werden die Samenkörner gesammelt. Dazu lässt man die Schoten auf einem Tuch nachtrocknen, löst die Körner heraus und lässt sie noch einige Tage ausgebreitet liegen. Sind sie völlig trocken, werden sie in Schraubgläser gefüllt.

Verwendung

Mit den jungen, scharf schmeckenden Blättern lassen sich Salate oder Eintopfgerichte würzen. Die Senfkörner dienen als Gewürz für eingelegte Gurken und Sauerkraut. Gemahlen kann man sie als Würze verwenden.

BEINWELL

Symphytum officinale

Der Beinwell stammt ursprünglich aus Europa und Asien, ist aber bereits seit dem 17. Jahrhundert auch in Amerika heimisch. Das Kraut kommt wild an Bachufern und feuchten Gräben vor. Die winterharte, mehrjährige, bis zu 1m hohe Staude aus der Familie der Raublattgewächse hat eine tief reichende Pfahlwurzel, einen vierkantigen, rauhaarigen, im oberen Bereich verzweigten Stängel mit lanzettlichen, matt grünen, ebenfalls behaarten Blättern. Die glockenförmigen, rötlich-violetten oder weißen Blüten stehen in lockeren Trauben. Blütezeit ist von Mai bis August.

Kultivierung

Der Beinwell bevorzugt einen Standort mit etwas Sonne im lichten Schatten und einen tiefgründigen, feuchten Boden. Durch eine Abdeckung mit Mulch lässt sich die Verdunstung verringern. Der Pflanze muss ausreichend Raum gegeben werden, denn sie gedeiht üppig. Am besten man besorgt sich Jungpflanzen in der Gärtnerei, die im Abstand von 50 x 60 cm tief in die Erde gesetzt werden. Die Vermehrung erfolgt durch Teilung im zeitigen Frühjahr oder Spätsommer.

Ernte

Frische Blätter zum Verbrauch können laufend vom Frühjahr bis zum Herbst geschnitten werden. Im Spätherbst gräbt man die Wurzelstöcke aus, schneidet sie der Länge nach durch, reiht sie auf Schnüre und hängt sie zum Trocknen auf.

Verwendung

Frische, junge, noch unbehaarte Blätter werden als Salat und Gemüse zubereitet. Die Beinwellwurzel enthält Allantoin und wirkt leicht entzündungshemmend und schmerzlindernd. Sie wird bei Sportverletzungen, Muskelschmerzen und Gelenkbeschwerden eingesetzt.

LÖWENZAHN

Taraxacum officinale

Der Löwenzahn ist in ganz Nordeuropa verbreitet, kommt aber auch in Asien und Nordamerika vor. Die ausdauernde Staude aus der Familie der Korbblütler hat eine kräftige, fleischige Pfahlwurzel. Aus ihr wachsen zahlreiche 6–30 cm lange, gezähnte Blätter, die dreieckige Lappen bilden. In den Blattachseln entspringen bis zu 60 cm lange Blütenstandsstiele. An ihrem oberen Ende stehen dicht spiralig verteilt 30–40 abstehende Hochblätter. Der Blütenstand ist eine Scheinblüte, in dem viele gelbe Zungenbluten zu einem tellerförmigen Körbchen zusammengefasst sind. In ihm öffnen sich die Einzelblüten ringförmig von außen nach innen. Von April bis Mai schließt sich der Blütenstand jeweils bei Nacht, Regen oder Trockenheit und schließlich beim Verblühen.

Kultivierung

Der Löwenzahn ist meist ein ungeliebter Gast im Garten und wird vor allem auf dem Rasen lästig. Die Wiederentdeckung einer natürlichen Ernährung hat ihn jedoch wieder auf den Speiseplan gerufen. Die Pflanze ist äußerst anspruchslos und gedeiht sowohl in der Sonne als auch im Schatten sowie auf jedem Boden. Ausgesät wird im März/April in Reihen mit 50 cm Abstand. Danach dünnt man etwas aus und achtet darauf, dass sich keine Samenstände entwickeln.

Ernte

Zum frischen Verbrauch in der Küche werden nur die zarten Blätter des Frühjahrs kurz vor der Blüte geschnitten.

Verwendung

Die zarten Blätter dienen als Würze für Salate, Frühlingssuppen und Kräutersoßen. Pikant mariniert ergeben sie einen vitaminreichen und würzigen Salat. Löwenzahn-Tee wirkt harntreibend und regt den Gallenfluss sowie die Verdauung an.

THYMIAN

Thymus vulgaris

Es gibt viele unterschiedliche Thymianarten und -sorten, die in unterschiedlichen Regionen überall auf der Welt wachsen. In ihrem Aussehen unterscheiden sie sich stark voneinander. Der Echte Thymian ist ein mehrjähriger, immergrüner, winterharter, bis 40 cm hoher, stark verästelter und aromatisch riechender Halbstrauch aus der Familie der Lippenblütler. Die aufrechten, holzigen, behaarten Äste sind mit winzigen, oberseits graugrünen, kreuzständig stehenden Blättchen besetzt. An den Zweigenden erscheinen von Mai bis September rosafarbene Blüten in kugeligen Trauben.

Kultivierung

Im Garten gedeiht der Thymian an einem geschützten, warmen, sonnigen bis halbschattigen Standort mit sandigem, durchlässigem, nicht zu nährstoffreichem Boden. Auch der Steingarten bietet sich hier an. Thymian lässt sich aus Samen anziehen, einfacher jedoch ist es, im Mai Jungpflanzen zu setzen. Die Vermehrung erfolgt durch im Frühjahr abgenommene Kopfstecklinge, die Pflanze sät sich aber auch selbst aus. Wenn man die welken Blätter immer wieder entfernt und die Pflanze nach der Blüte leicht zurückschneidet, dankt sie es mit vermehrtem und dichtem Wachstum. In rauen Gegenden empfiehlt sich ein Winterschutz mit Reisig.

Ernte

Von Frühjahr bis Herbst schneidet man junge Blätter und Triebspitzen. Zum Trocknen werden ganze Stängel vor der Blüte geerntet und gebündelt aufgehängt. Die getrockneten Blättchen rebelt man ab und bewahrt sie in Schraubgläsern auf.

Verwendung

Das scharfe Aroma des Thymians gibt vielen würzigen Gerichten eine eigene Note. Die ätherischen Inhaltsstoffe der Blätter wirken schleimlösend und entkrampfend und helfen unter anderem gegen Husten und Heiserkeit.

GROSSE KAPUZINERKRESSE

Tropaeolum majus

Die Kapuzinerkresse stammt ursprünglich aus Peru und Bolivien, wird aber heute überall auf der Welt kultiviert. Die einjährige Pflanze aus der Familie der Kapuzinerkressengewächse rankt mit bis zu 5 m langen Sprossen an Spalieren und Zäunen hoch oder bedeckt ganze Bodenflächen. Die schildförmigen, lang gestielten ungeteilten, schildförmig runden Blätter schmecken nach Pfeffer. Der Stiel setzt unter der Blattmitte an. Auffallend sind vor allem die orangefarbenen, rot gestreiften, trichterförmigen Blüten, deren Kelch einen Sporn aus fünf Blütenblättern trägt, aus denen sich kugelige Früchte entwickeln. Blütezeit ist von Juni bis Oktober.

Kultivierung

Die Kapuzinerkresse braucht einen sonnigen geschützten Platz. Der Boden sollte durchlässig und nährstoffarm sein, bei nährstoffreichem Boden wuchern die Blätter auf Kosten der Blüten. Die Kapuzinerkresse ist nicht frosthart und verträgt keine Temperaturen unter 4 °C. Sobald sich der Boden erwärmt hat und keine Fröste mehr zu erwarten sind, kann die Aussaat direkt ins Freiland in Reihen mit 20 cm Abstand erfolgen.

Ernte

Blüten und Blätter zum sofortigen Verbrauch können den ganzen Sommer geerntet werden, sie lassen sich nicht trocknen. Die Samenhülsen werden, kurz bevor sie ihre grüne Farbe verlieren, gesammelt.

Verwendung

Frische Blätter und Blüten lassen sich als Salat zubereiten oder als Salatzutat verwenden. Die Blütenknospen eignen sich, in Essig und Öl eingelegt, als Kapernersatz. Die in der Kapuzinerkresse enthaltenen Senföle regen die Verdauung an und fördern die Durchblutung.

BRENNNESSEL

Urtica dioica, U. urens

Brennnesselgewächse kommen überall in der Welt mit über 30 Arten vor. Beide Arten sind starkwüchsig und finden sich bevorzugt in der Nähe menschlicher Behausungen, die Kleine Brennnessel *(U. urens)* vor allem in Gärten, an sonnigen bis schattigen Plätzen auf stickstoffreichem Boden. Jedes Frühjahr entsprießt dem kriechenden Wurzelstock der Pflanze ein vierkantiger, aufrechter Stängel, der bis zu 120 cm hoch werden kann. Die Blätter stehen gegenständig, sind herzförmig, oval, grob gesägt und laufen spitz zu. Die zweihäusigen, kleinen, grünen Blüten bilden hängende Rispen. Die Brennborsten der Stängel und Blätter brechen leicht ab und sondern dabei einen scharfen Saft ab, der die Haut reizt und sogar zu einem schmerzenden Hautausschlag führen kann. Blütezeit ist von Juli bis September.

Kultivierung

Für den Gärtner ist die Brennnessel eher eine Plage, andererseits jedoch eine ausgesprochen nützliche Pflanze, da sie Schmetterlinge anlockt und einen Leckerbissen für Raupen darstellt. Brennnesseln gedeihen bevorzugt auf stickstoffreichem Boden. Ein günstiger Standort wäre eine naturbelassene Ecke im Garten, wo sie und andere Wildkräuter und -blumen wachsen können. Die Vermehrung erfolgt durch Samen oder Teilung des Wurzelstocks im Frühjahr.

Ernte

Von Juni bis September werden die frischen Blätter gesammelt, die man vorsichtig (mit Handschuhen!) von den Stängeln streift, um sie dann an der Luft zu trocknen.

Verwendung

Die jungen, frischen Blätter lassen sich wie Spinat zubereiten. Mit den getrockneten Blättern wird ein entwässernder Tee aufgebrüht. Das ganze Kraut wird zur Herstellung eines Brennnesselsaftes verwendet.

ARTEN- UND SACHREGISTER

Impressum

ISBN 978-3-8094-4798-6

1. Auflage
2024 by Bassermann Verlag, einem Unternehmen der Penguin Random House Verlagsgruppe GmbH, Neumarkter Straße 28, 81673 München

Bildnachweis:
Steinberger: 58, 70, 71, 73, 77, 79, 86, 87, 90, 96, 100, 102, 103, 107, 109;
alle übrigen Verlagsbüro Kopp (Redeleit)
Zeichnungen: Archiv Penguin Random House sowie Verlagsbüro Kopp, München
Piktogramme: Adobe Stock: 8 ff. Icon oben (tutti_frutti), 37 ff. Daumen hoch (Marina) / Istockphoto: 36 ff. Icon oben (justinroque), 57 ff. Icons oben (da-vooda) / Shutterstock: 14 ff. Icon oben (Nadiinko), 20 ff. Icon oben, 58ff. Geräte Vignetten (davooda)

Umschlaggestaltung: Atelier Versen, Bad Aibling
Redaktion und Bildredaktion: Verlagsbüro Kopp, München
Satz und Layout: Nadine Thiel, kreativsatz
Herstellung: Franziska Polenz
Projektleitung: Sibylle Lehmann

Druck und Bindung: Alföldi Nyomda Zrt., Debrecen

Printed in Hungary

Penguin Random House Verlagsgruppe FSC® N001967